Orixá Pombagira

Fundamentação do Mistério
na Umbanda

Rubens Saraceni

Orixá Pombagira

Fundamentação do Mistério na Umbanda

© 2024, Madras Editora Ltda.

Editor:
Wagner Veneziani Costa

Produção e Capa:
Equipe Técnica Madras

Revisão:
Arlete Genari
Carolina Hidalgo Castelani

Dados Internacionais de Catalogação na Publicação (CIP)
(Câmara Brasileira do Livro, SP, Brasil)

Saraceni, Rubens
Orixá Pombagira: fundamentação do mistério na Umbanda
11 ed
Rubens Saraceni. — São Paulo: Madras, 2024.

ISBN 978-85-370-0390-9

1. Mistério 2. Pomba-gira - História 3. Umbanda (Culto) I. Título.
08-07177 CDD-299.67

Índices para catálogo sistemático:
1. Pomba-gira : Teologia de Umbanda : Religiões de origem africana : História 299.67

Proibida a reprodução total ou parcial desta obra, de qualquer forma ou por qualquer meio eletrônico, mecânico, inclusive por meio de processos xerográficos, incluindo ainda o uso da internet, sem a permissão expressa da Madras Editora, na pessoa de seu editor (Lei nº 9.610, de 19/2/1998).

Todos os direitos desta edição reservados pela

MADRAS EDITORA LTDA.
Rua Paulo Gonçalves, 88 — Santana
CEP: 02403-020 — São Paulo/SP
Caixa Postal: 12299 — CEP: 02013-970 — SP
Tel.: (11) 2281-5555 — Fax: (11) 2959-3090
www.madras.com.br

Índice

Introdução 7
Capítulo I
A Popularidade de Pombagira 13
Capítulo II
Pombagira, o Mistério Desconhecido 15
Capítulo III
Pombagira na Gênese 21
Capítulo IV
Lenda sobre a Origem de Pombagira 27
Capítulo V
Lenda da Exteriorização de Pombagira 41
Capítulo VI
O Mistério Interiorizador de Pombagira 57
Capítulo VII
O Terceiro Interior Criado por Pombagira 63
Capítulo VIII
Outros Mistérios de Pombagira 71
  Mistérios Estimulador – Apatizador 72
Capítulo IX
Nossa Ligação Natural com Pombagira 75
Capítulo X
A Presença de Pombagira na Vida das Pessoas 81
Capítulo XI
A Reatividade do Mistério Pombagira 87
Capítulo XII
Fatores do Mistério Pombagira 93
  Fator Estimulador 94

Fator Desejador 95
Fator Incitador 95
Fator Excitador 96
Fator Extasiador 96
Fator Oscilador 96
Fator Apatizador 97
Fator Aprazerador 97
Fator Desagregador 97
Fator Sedutor 98
Fator Sensualizador 99
Fator Apaixonador 99
Fator Enganador 100
Fator Esmaecedor 101
Fator Agoniador 101

Capítulo XIII
A Ação de Pombagira nos Domínios dos
outros Orixás 107
Lenda dos vazios interiores 110

Capítulo XIV
Pombagira, Guardiã dos Infernos Internos 117

Capítulo XV
Os Abismos de Pombagira 121

Capítulo XVI
O Fator Desagregador de Pombagira 129

Capítulo XVII
A Dimensão de Pombagira 137
A Dimensão de Pombagira II 140

Capítulo XVIII
Pombagira é como é porque Ela é Pombagira 151

Capítulo XIX
Pombagira e a Sexualidade 153

Capítulo XX
Conclusão 157

Introdução

Seguindo uma determinação superior, este livro vem preencher mais uma das lacunas da Teogonia, da Teologia, da Cosmogonia e da Doutrina Umbandista porque pouco se escreveu sobre esse Mistério da Criação em seus aspectos divinos, naturais e espirituais.

Muitos autores umbandistas já comentaram sobre os espíritos que, incorporados em médiuns, se apresentam com os nomes de Pombagira Rainha, Pombagira das Matas, Pombagira Menina, Pombagira Maria Padilha, etc.

Uns as descreveram como sendo algo positivo e outros, como algo negativo, deixando muitos umbandistas confusos porque não têm como justificar a presença de um espírito feminino que foge aos padrões morais e comportamentais da nossa sociedade, predominantemente cristã, em que a mulher está colocada em um pedestal elevadíssimo e muito dignificante enquanto mãe, esposa e filha obediente, mas que a lança no abismo do opróbrio se ela fugir ao "arquétipo" da submissão e, fazendo uso do seu livre-arbítrio, der um rumo ou uma diretriz pessoal à sua vida.

Com muito esforço e muita luta, as mulheres aos poucos vêm obtendo "direitos" que nunca deveriam ter sido negados a elas.

A figura da mulher, sempre submissa ao homem, é muito forte em quase todas as sociedades humanas terrenas e não só nas influenciadas pelo Cristianismo, sendo que é justamente nessa sociedade que tem obtido maior flexibilidade legal para poder deixar aflorar seus talentos e potenciais políticos, profissionais, artísticos, intelectuais, religiosos, etc.

Sem abrirem mão da dignificante condição de mãe e de dona do lar, estão conquistando direitos e correspondendo à altura com as responsabilidades que exigem delas.

Sem deixarem de ser mães, irmãs e filhas, vêm demonstrando que em todos os campos de atividades humanas são tão aptas e tão capazes quanto os homens, que são pais, irmãos e filhos, muito orgulhosos delas!

É claro que uma mulher altiva, senhora de si, segura, competentíssima no seu campo de atuação, seja ele profissional, político, intelectual, artístico ou religioso, impressiona positivamente alguns e assusta outros.

Agora, se esse imenso potencial também aflorar nos aspectos íntimos dos relacionamentos homem–mulher, bem, aí elas fogem do controle e tanto assustam a maioria como começam a ser estereotipadas como levianas, ninfomaníacas, etc., não é mesmo?

Liberdade com cabresto ainda é aceitável em uma sociedade patriarcal e machista. Mas, sem um cabresto segurado por mãos masculinas, tudo foge do controle e a sociedade desmorona porque não foi instituída a partir da igualdade, e sim da desigualdade.

Uma mulher submissa, só acostumada e condicionada a sempre dizer "amém", todos aceitam como amiga, como vizinha, como colega de trabalho, como namorada, como esposa, como irmã, etc., mas uma mulher questionadora, insubmissa, mandona, contestadora, independente, personalista, etc., nem pensar, não é mesmo?

– Pois é!

Não seria diferente em se tratando de espíritos e, para complicar ainda mais as coisas, com eles incorporando em médiuns e trabalhando religiosamente pessoas com problemas gravíssimos de fundo espiritual.

De repente, uma religião nascente e espírita se viu diante de manifestações de espíritos femininos altivos, independentes, senhoras de si, competentíssimas, liberais, provocantes, sensuais, belíssimas, fascinantes, desafiadoras, poderosas, dominadoras, mandonas, cativantes, encantadoras, cuja forma de apresentação fascinou os homens porque elas simbolizavam o tipo de mulher ideal, desde que não fosse sua mãe, sua irmã, sua esposa e sua filha, certo?

Quanto às mulheres, as Pombagiras da Umbanda simbolizavam tudo o que lhes era negado pela sociedade machista, repressora e patriarcal do início do século XX no Brasil, onde à mulher estava reservado o papel de mãe, irmã, esposa e filha comportadíssimas... senão seriam expulsas de casa ou recolhidas a um convento.

Mas, com as Pombagiras da Umbanda não tinha jeito, porque ou deixavam elas incorporarem em suas médiuns ou ninguém mais incorporava e ajudava os necessitados que iam às tendas de Umbanda.

Só um ou outro dirigente ousava realizar sessões de trabalhos espirituais com as Pombagiras, e a maioria deles preferia fazer "giras fechadas" para a esquerda, para não "escandalizar" ninguém e para não atrair para o seu centro a policia e os comentários ferinos sobre as "moças da rua".

Só que essa não foi uma boa solução porque as línguas ferinas logo começaram a tagarelar e a espalhar que nessas giras fechadas rolava de tudo, inclusive sexo entre os seus participantes, criando um mal-estar muito grande, tanto dentro do círculo umbandista quanto fora dele.

E, ainda que tais fuxicos fossem falsos e maledicentes, não teve mais conserto porque o "vaso de cristal" da religiosidade umbandista nascente havia se trincado, e as "moças da rua" já haviam sido estigmatizadas como espíritos de rameiras que incorporavam em médiuns mulheres para fumarem, beberem champagne, "gargalharem à solta", rebolarem seus quadris, balançarem seus seios de forma provocante e para atiçarem nos homens desejos libidinosos e inconfessáveis.

Para quem não sabe, rameira era o nome dado às prostitutas e às "mulheres de programas" do nosso atual século XXI.

O único jeito de amenizar o "prejuízo religioso" que elas haviam causado com suas "petulâncias" foi tentar explicar que não era nada disso, e sim, que as Pombagiras eram Exus femininos e, como todos sabem, Exu não é flor que se cheire, ainda que seja muito competente nos seus trabalhos de auxílio aos necessitados de socorros espirituais, certo?

Como "mulher de Exu" ou como Exu feminino, ainda dava para deixar uma ou outra incorporar na gira deles, mas já submissas a eles, que ficaram encarregados de zelar pela moral e pelos bons costumes delas...

E aí as giras de esquerda foram sendo abertas timidamente e, pouco a pouco e paralelamente, a sociedade estava passando por profundas transformações sociais, comportamentais e políticas, em que a poderosa Igreja Católica estava perdendo poder e cedendo à sociedade algumas liberdades religiosas.

Quando os militares assumiram o poder nos anos 60 do século XX e logo entraram em choque com alguns setores do catolicismo arraigados na política, então diminui de forma acentuada a intensa perseguição da polícia sobre as tendas de Umbanda.

Somando à liberdade conseguida no período da ditadura, vieram os movimentos feministas que explodiram na América do Norte e na Europa, que conseguiram muitas conquistas para as mulheres.

A par desses acontecimentos, veio a explosão de revolta da juventude, com os Beatles e com Woodstock, que mudaram os padrões comportamentais dos jovens e as relações entre pais e filhos.

Pombagira assistiu todos esses acontecimentos, que se passaram nos anos 1960 e 1970 e, entre um gole de champagne e uma baforada de cigarrilha, dava suas gargalhadas debochadas, e dizia isto:

– É isso aí, mesmo! Mais transparência e menos hipocrisia!

Capítulo I

A Popularidade de Pombagira

Com a liberação da mulher, vieram a responsabilidade, os direitos e os deveres.

Pombagira popularizou-se com a expansão da Umbanda e dos demais cultos afro-brasileiros nos anos 60 e 70 do século XX e, em meio à multiplicidade de cultos com ela presente em todos, sua força era indiscutível e seu poder foi usufruído por todos os que iam se consultar com ela.

Não demorou a descobrirem que ela atendia a todos os pedidos, inclusive aos de "amarrações para o amor", para "separação de casais" e outros pedidos bem terrenos dos humanos.

Como ninguém se preocupou em fundamentá-la enquanto Mistério da Criação e instrumento repressor da Lei Maior e da Justiça Divina, temidíssima justamente em um dos campos mais controvertidos da natureza dos seres, que é justamente o da sexualidade, eis que não foram poucas as pessoas que foram pedir o mal ao próximo e adquiriram terríveis carmas, todos ligados aos relacionamentos amorosos ou passionais.

Nada como pedir para as "moças da rua" coisas que não seriam muito bem vistas pelo "povo da direita".

Assim, Pombagira tornou-se a ouvinte e conselheira de muitas pessoas com problemas nos seus relacionamentos amorosos, procurando atender à maioria das solicitações, fixando em definitivo um arquétipo poderoso e acessível a todas as classes sociais.

Junto à explosão descontrolada das manifestações de Pombagiras, vieram os males congênitos, que acompanham tudo o que é poderoso: os abusos em nome das entidades espirituais, tais como os pedidos de joias e perfumes caríssimos; de vestes ricas e enfeitadas, de oferendas e mais oferendas caríssimas; de assentamentos luxuosos e ostentativos; de cobrança por trabalhos realizados por elas, mas recebidos em espécie por encarnados, etc.

Pombagira também serviu como desculpa para que algumas pessoas atribuíssem a ela seus comportamentos no campo da sexualidade.

Ainda que hoje saibamos que elas são esgotadoras do íntimo de pessoas negativadas por causa de decepções e frustrações nos campos do amor, no entanto ainda hoje vemos um caso ou outro em que atribuem à Pombagira o fato de vibrarem determinados desejos ou compulsões ligadas ao sexo.

Mas a verdade indica-nos exatamente o contrário disso, ou seja, a "mulher das rua" atua esgotando o íntimo de pessoas e de espíritos vítimas de desequilíbrios emocionais ou conscienciais, pois essa é uma de suas muitas funções na Criação.

Capítulo II

Pombagira, o Mistério Desconhecido

As informações que colocamos abaixo foram tiradas de um artigo sobre cultura afro-bantú, de autoria de Walter Nkosi, publicado no jornal *Icapra*, edição nº 22, 2008.

Por Walter Nkosi, especialista em cultura bantú e professor de Kimbundu, a principal língua dessa etnia.

Cultura Bantu-Brasileira-Ngamba, o guardião: no Brasil é conhecido por Ngamba, que significa guardião em idioma bantú, e exerce funções semelhantes a Nkomdi.

Nos Candomblés de Angola e Kongo, também são denominados Njila/Nzila ou Pambú Njila, o 'Senhor Guardião do Caminho', proveniente do idioma kimbundu; pambu (fronteira; encruzilhada...), njila (rua; caminho...), 'o que caminha nas ruas, estradas, fronteiras, encruzilhadas...

As funções atuantes de guardião são atribuídas exclusivamente para um Nkisi masculino, não cabendo a mesma para Nkisi feminino.

No entanto é notório a miscigenação nos candomblés em geral, onde entidades da Umbanda, conhecidas em tempos remotos por 'povo du rua' se intitularam erroneamente na atualidade como deidade africana, rei e rainha do candomblé, Pombagira, Legba e entidades exercendo funções masculinas de guardião.

A falta de informação sobre a religião direciona os adeptos a práticas religiosas indevidas, propala e contribui para um distanciamento cada vez maior do culto tradicional africano. Urge maior conhecimento e seriedade nos cultos.

Aqui, reproduzimos parte do artigo para que nossos leitores saibam de onde se originou o nome "Pombagira" ou "pombogira" usados atualmente na Umbanda e nos demais cultos afro-brasileiros; é uma corruptela de Pambú Njila, o Guardião dos Caminhos e das Encruzilhadas no culto de nação Bantu, da língua Kimbundu.

Eu já li em outro autor, isso há mais de 30 anos, que o nome "Pombagira" derivava de Bombogira, entidade do culto angola que é oferendada nos caminhos e nas encruzilhadas, muito temida e respeitada na região africana onde é cultuada.

Há outras informações que nos revelam que Pombogira ou Pombagira ou Bombogira é derivada das "yamins", cultuadas na sociedade matriarcal secreta conhecida como "gelede".

Se são cem por cento corretas ou só parcialmente, isso fica a critério de cada um, porque o fato é que existem, sim, espíritos femininos que incorporam em suas médiuns e apresentam-se como Pombagiras na Umbanda, assim como nos demais cultos afro-brasileiros.

Suas manifestações, informam-nos os mentores espirituais, são anteriores à Umbanda e já aconteciam esporadicamente nas "macumbas" do Rio de Janeiro, bem descritas no livro *As Religiões do Rio*, de autoria de João do Rio, livro esse reeditado em 2006, mas onde não há uma descrição detalhada dos nomes das entidades, e sim, apenas algumas informações, valiosíssimas ainda que parciais.

Muitos autores umbandistas atribuíram-lhe o grau de Exu feminino em razão da falta de informações sobre essa entidade e do fato de manifestar-se nas linhas da esquerda, ocupadas por Exu e por Exu Mirim*. Inclusive, alguns a descreveram como esposa de Exu e mãe de Exu Mirim.

Não devemos creditar essas interpretações, se errôneas, a ninguém, porque todos fomos vítimas da falta de informações e da desinformação geral, que geraram toda uma forma anômala de descrever as desconhecidas manifestações de entidades, que também nada revelaram sobre seus fundamentos divinos, e deixaram para a imaginação e a criatividade de cada um os conceitos sobre eles.

Se agora temos espíritos mensageiros que estão chegando até nós para que fundamentemos as incorporações umbandistas nas divindades-mistérios, então só temos de agradecer pelo que, finalmente, nos está sendo concedido.

Pai Benedito de Aruanda, o espírito mensageiro que está nos trazendo a fundamentação dos mistérios que se manifestam na Umbanda, cobra-nos um rigoroso respeito pelos umbandistas que semearam a Umbanda, o culto aos Orixás, as linhas de trabalhos espirituais, a forma do culto umbandista e os nomes aportuguesados dos nomes africanos que nos chegaram, trazidos pelos nossos antepassados vindos da África, de toda ela, assim como aos nomes aportuguesados pertencentes ao tronco linguístico tupi-guarani.

Nomes em uma língua ou em outra, são só nomes, e o que importa é o que representam, significam e simbolizam ou ocultam.

Estará cometendo um grande erro quem atribuir ignorância aos nossos "mais velhos", porque eles foram guiados pela fé e ajudaram a tantos em nome da Umbanda que hoje, um século depois, temos uma religião forte e realizadora que continua as práticas semeadas por eles e que diferenciam

---

* N.E.: Sugerimos a leitura de *Orixá Exu* e de *Orixá Exu Mirim*, ambos de Rubens Saraceni, Madras Editora.

a Umbanda de todos os outros cultos afros, assim como a individualizam como religião espírita, espiritualista e espiritualizadora dos seres humanos encarnados.

"Respeito é bom, é bonito e cabe em qualquer lugar", diz um ditado popular, ainda mais em se tratando de coisas religiosas tanto discutíveis quanto desconhecidas por nós que, ou cremos ou viramos ateus, certo?

Se só agora, em 2008, o Mistério de Umbanda "Pombagira" pode ser fundamentado, é porque ele precisou abrir-se primeiro de forma popular e acessível a todos, tornando-se conhecido para, só então, abrir-se parcialmente no seu lado oculto, que é onde estão preservados e guardados os seus fundamentos divinos, tão importantes e tão necessários à Umbanda quanto os dos outros Orixás, já parcialmente revelados nos seus cultos originais seculares.

Quanto ao seu nome, Pombagira, pouco importa para os umbandistas se é uma corruptela de um nome Bantú ou se é a sua tradução sonora adaptada a um mistério feminino que tem funções tão importantes e tão abrangentes quanto o original e masculino Pambu Njila.

O que os umbandistas devem saber é que "Pombagira" veio para ficar e nada ou ninguém conseguirá impedir suas manifestações, quer a aceitem ou não.

O Mistério Pombagira abriu-se por inteiro na Umbanda e tanto pode ser esse quanto outro nome para identificá-lo porque, enquanto Orixá, seu verdadeiro nome nunca foi revelado na Teogonia Nagô; ele se encontra oculto entre os 200 Orixás desconhecidos, porque a Pombagira não foi humanizada no tempo como foram Exu, Oxalá, Iemanjá e todos os outros Orixás do panteão yorubano, muitos deles desconhecidos pelos umbandistas e por boa parte dos seguidores de outros cultos afros.

Para nós, interessa sabermos que as entidades espirituais femininas que se manifestam incorporando em seus médiuns e apresentam-se como Pombagiras pertencem às linhas da esquerda e realizam trabalhos espirituais importantíssimos, que só elas podem e conseguem fazer porque são manifestadoras de mistérios de uma divindade feminina não revelada na Teogonia Nagô, e que antes do advento da Umbanda seu nome não fazia parte do panteão yorubano.

Mas, como ela se revelou na Umbanda com esse nome e já deu provas e mais provas sobre sua importância, seu poder e suas funções, compete a nós, os umbandistas, fundamentá-la em Deus, entre os Orixás, na Criação, na Natureza e em nós mesmos, elevando-a à condição de Orixá para, a partir daí, ensiná-la corretamente aos nossos irmãos e irmãs dos demais cultos afro-brasileiros, onde ela também já entrou e se estabeleceu como mistério indissociado dos outros Orixás.

Ou vocês acreditam que antes do advento da Umbanda, Pombagira era conhecida de fato nos outrora fechadíssimos cultos afros estabelecidos no Brasil?

Nos de origem Nagô ou Nigerianos, não havia outras incorporações além das dos Orixás, e quem mais tentasse incorporar era tratado como "Egun". Isto é história.

Quanto ao que aconteceu durante a implantação da Umbanda como uma religião genuinamente brasileira, aí sim, há muitas "histórias", algumas já contadas e outras que nunca serão narradas.

Portanto, Pambu Njila para o guardião Bantu semelhante ao Exu Nagô e Pombagira para a guardiã umbandista, Rainha das Encruzilhadas da Vida e Senhora dos Caminhos à esquerda dos Orixás.

Pomba é um passaro usado no passado como correio, "os pombos correios". Gira é movimento, caminhada, deslocamento, volta, giro, etc. Portanto, interpretando seu nome genuinamente português, Pombagira significa mensageira dos caminhos à esquerda, trilhados por todos os que se desviaram dos seus originais caminhos evolutivos e que se perderam nos desvios e desvãos da vida.

Pombagira, genuinamente brasileira e umbandista, está aí para acolher a todos os que se encontram perdidos nos caminhos sombrios da vida... ou da ausência dela, certo?

Capítulo III

Pombagira na Gênese

Para fundamentarmos Pombagira, não podemos nos servir dos conhecimentos já existentes dentro da Umbanda porque se referem às manifestadoras espirituais de um mistério que atua magística e religiosamente através de uma das linhas de trabalhos espirituais da "esquerda".

Os cultos afros tradicionais também não possuem informações fundamentadoras desse mistério que entrou neles, porque foram médiuns umbandistas que se converteram ao Candomblé e levaram para dentro dos cultos de várias "nações" essa entidade feminina antes desconhecida. E, como essa transferência já vem acontecendo há décadas, hoje Pombagira é tão popular quanto Exu e os demais Orixás, ainda que ninguém saiba como encaixá-la teogonicamente, e todos preferimos defini-la até agora como um Exu feminino.

Do seu lado, um Exu inconformado foi logo alertando:

– Se houver um Exu feminino, então tem de haver um Oxalá feminino, um Ogum feminino, etc. Então, como é que ficamos com esse "lado feminino" de Exu?

Não é nada disso e não existe um aspecto feminino no Mistério Exu ou de qualquer outro Orixá, e sim, o que há por trás das já famosas e queridas Pombagiras da Umbanda, e já dos demais cultos afro-brasileiros, é um Orixá feminino cujo nome não foi revelado na teogonia yorubana ou nagô, mas que, servindo-se do nome "Pambu Njila" ou Pombagira, criou uma linha de trabalhos espirituais só sua e cujas manifestantes impuseram-se rapidamente no imaginário popular como as senhoras das "ruas, dos caminhos e das encruzilhadas", cativando a todos e escandalizando os rígidos padrões morais da primeira metade do século XX.

Seu arquétipo adquiriu rapidamente contornos "sinuosos", porque o requebrar de quadris e as sonoras gargalhadas, dadas entre uma baforada de cigarro e um gole de champagne, associou-a às "damas da noite", da boemia, dos cabarés, do cais do porto, etc.

A tudo e a todos ela ouvia, dava uma sonora e escrachada gargalhada e respondia, meio misteriosa (como deve ser toda "mulher fatal"): "É isso aí mesmo! Atuo em todos esses locais e em muitos outros, não recomendáveis às moças de 'boa família.'"

Poucos souberam interpretar suas palavras, e muitos viram o seu arquétipo extremamente liberal para manifestações espirituais.

O fato é este: por trás desse arquétipo está ocultado um dos mais poderosos dos mistérios originais da Criação Divina!

Sim! Por trás das faceiras e encantadoras Pombagiras da Umbanda está um Orixá cujo nome não foi revelado na cosmogonia nagô e, por isso, não recebia oferendas, não era louvado, invocado e cultuado religiosamente, tendo permanecido desconhecido por todos, só se abrindo arquetipicamente como Pombagira, a companheira de Exu, na Umbanda nascente.

Pois bem! Adentremos no lado oculto desse poderoso mistério feminino da Criação e comecemos a revelá-lo, fundamentando-o na Umbanda.

No início, quando tudo ainda se encontrava em Deus e em Seu interior e nada existia fora Dele, eis que Ele intencionou criar um Seu lado de fora, para onde enviaria tudo e todos que "dentro" Dele existiam e Dele eram indissociados.

Suas intenções geraram um plano para abrigá-los e ele é denominado "plano das intenções", onde todas as Vontades Divinas são acolhidas e, a partir dele, desencadeiam suas ações criadoras.

Esse plano das intenções, manifestado por Deus, é anterior a tudo o que existe e que denominamos como "a Criação". A partir desse plano, o Divino Criador deu início à Sua Criação, fazendo surgir o primeiro estado da Criação, estado esse denominado "estado do Vazio Absoluto".

Só no plano das Intenções, nada ainda existia fora dele. Já o estado do Vazio Absoluto, aberto por Deus a partir do "nada", nele se iniciou a abertura e o início da Criação propriamente dita.

Então, o "estado do Vazio" é o verdadeiro início da Criação.

A seguir, o Divino Criador abriu dentro do estado do Vazio Absoluto o segundo estado da Criação, ao qual denominamos como "estado do Espaço Infinito".

Dentro do Vazio Absoluto, abriu-se o Espaço Infinito capaz de abrigar dentro de si todos os outros estados posteriores da Criação e tudo o que seria criado dentro deles.

Como cada plano, estado e Criação de Deus possui uma regência divina e uma divindade mantenedora do seu equilíbrio e harmonia, então para cada um Ele manifestou uma de suas Divindades, as quais denominamos Orixás, as divindades sustentadoras dos estados da Criação.

No plano das Intenções, o Divino Criador manifestou um Orixá cujo nome não foi revelado na teogonia nagô ou yorubana, mas que, na Umbanda, é conhecido como Orixá

Exu Mirim, o que guarda em si os mistérios do plano das Intenções e que tem por função principal impulsionar todas as intenções classificadas como "boas ou positivas" e fazer regredir todas as "más ou negativas", anulando-as antes de se tornarem um "estado de consciência" no seu gerador.

Já o estado do Vazio Absoluto, com ele o Divino Criador manifestou e exteriorizou outra de suas divindades, denominada Orixá Exu, o Orixá Guardião dos Mistérios do Vazio Absoluto. Sua principal função é abrir o vazio para abrigar todas as boas intenções que saíram do abstrato plano das ideias e tornaram estados ou coisas concretas, com existência própria e útil à Criação e aos seres que nela vivem e evoluem.

Essa função do Orixá Exu é tão importante quanto a outra que ele exerce em sentido contrário, e que é a de fechar o Vazio Absoluto e, consigo, o Espaço Infinito dentro de si para que as más intenções, concretizadas e tornadas nocivas à Criação e aos seres que nela vivem e evoluem, e não tendo o espaço para sustentá-las, caiam no Vazio Absoluto e sejam totalmente esvaziadas deixando de influir negativamente dentro dos estados da Criação e também contra a evolução dos seres.

Dentro do estado do Vazio Absoluto, o Divino Criador abriu o segundo estado da Criação, que é o estado do espaço Infinito, capaz de abrigar dentro de si todos os estados posteriores da Criação e tudo o que seria criado dentro deles.

Com o estado do espaço Infinito, o Divino Criador manifestou e exteriorizou outra de suas divindades, denominada Orixá Oxalá, o Orixá Guardião dos Mistérios do Espaço Infinito.

A principal função do Orixá Oxalá é abrir "espaços infinitos" para que todas as boas intenções possam sair do plano das ideias e tornem-se estados ou coisas concretas e com existência própria, capazes de beneficiar os estados onde se concretizaram e são úteis à evolução dos seres que vivem e evoluem dentro deles.

Até aqui temos isto:

- O plano das Intenções, regido pelo Orixá Exu Mirim;
- O estado do Vazio Absoluto, regido pelo Orixá Exu;
- O estado do Espaço Infinito, regido pelo Orixá Oxalá.

Temos um plano que abriga intenções e é abstrato e temos dois estados, que são concretos e capazes de abrigar dentro de si outros estados da Criação.

No plano das Intenções, como nada existe de forma concreta e não passam de intenções, então o denominamos também como o "nada absoluto", pois fora de Deus nada existia ou tinha sido concretizado, apenas mantendo-se no plano abstrato das intenções ainda sem existência própria.

Na gênese da Criação, em seu início ou em sua base temos isto:

- Só Deus, e nada mais além do abstrato plano das Intenções;
- O estado do Vazio Absoluto;
- O estado do Espaço Infinito;
- Um plano abstrato e dois estados concretos formaram a base ideal da Criação e três divindades foram manifestadas e exteriorizadas pelo Divino Criador para com eles dar sustentação a todos os estados posteriores e a tudo e a todos que seriam criados dentro deles, dando existência concreta a tudo e a todos que, até ali, preexistiam dentro de Deus, porque eram indissociados Dele, e não só não tinham existência própria como não possuíam suas individualidades, personalidades, propriedades e qualidades que diferenciariam uma coisa das outras e um ser dos outros, distinguindo-os classificando-os e nomeando-os.

Após a criação de uma base para abrigar toda a Criação, então o Divino Criador manifestou e exteriorizou de Si todos os outros estados da Criação, inclusive o da Matéria, o mais denso deles e que abrigaria a Criação Divina desse universo que conhecemos e que abriga trilhões de estrelas, espalhadas em um espaço, infinito em si mesmo e capaz de ir acolhendo e acomodando a tudo o que já foi, está e será criado dentro dele.

A Cosmologia nos revela que o Universo está em expansão, com as galáxias se afastando uma das outras.

Bem, voltando ao nosso comentário sobre a gênese de "Pombagira", antes de concluí-lo de forma a demonstrar a importância desse Orixá feminino tão desconhecido e não raro desdenhado devido a um arquétipo mal construído, mal compreendido e vulnerável a críticas e observações nada construtivas, vamos revelar uma lenda ainda não contada, mas que revela muito sobre esse mistério.

Após essa lenda, retomaremos o nosso comentário!

Capítulo IV

Lenda sobre a Origem de Pombagira

Conta uma lenda que antes de Olorum manifestar a intenção de criar um Seu exterior para nele abrigar tudo e todos que viviam em Seu interior, os Orixás, indissociados de Suas divinas faculdades criadoras-geradoras, viviam como uma grande família divina.

Cada um já possuía sua personalidade própria e, se vistos como estados internos do Divino Criador Olorum, cada um era o guardião de uma matriz geradora, personificada e individualizada neles.

Lá estavam os Orixás cujos nomes conhecemos por meio da Teogonia Nagô e estavam outros, cujos nomes não foram revelados porque seus mistérios só foram abertos em outras culturas religiosas.

Mas que todos já preexistiam no interior do Divino Criador Olorum, isto é uma verdade incontestável. E se muitos não foram revelados na cultura religiosa dos povos nagôs, isto não diminui a importância deles para o Todo, que é ele, Olorum, o nosso Divino Criador.

E todos coexistiam no interior de Olorum, com cada um cuidando das suas funções em paz, harmonia e equilíbrio, só alterado de vez em quando por uma das divindades mais fechadas e que nem no culto nagô quiseram revelá-la por receio de que seu mistério não fosse bem compreendido, preferindo deixá-la entre os 200 não revelados.

Mas, com o advento da Umbanda e com a necessidade do seu mistério, ela recebeu um nome que é uma adaptação fonética ou corruptela, já comentada no início deste livro, certo?

Sim, estamos falando do Orixá feminino cujo nome é Pombagira!

Pois bem! Pombagira, no interior de Olorum, é em tudo oposta ao arquétipo que lhe construíram na Umbanda e era calada, ciumenta, possessiva, dominadora, mandona, irritadíssima, etc., tal como alguns já descreveram as entidades femininas cultuadas no culto Geledé ou das temidas feiticeiras africanas, que formam uma genuína sociedade secreta matriarcal.

Bom, deixando esses assuntos ocultos de lado, o fato é que, quando alguém precisava da participação de Pombagira em alguma ação interna, era mais fácil falar com Olorum do que com ela, encastelada dentro de sua matriz geradora como uma majestosa, "curta e grossa" rainha, sem papas na língua quando algo a desagradava ou com o que ela não concordava.

Um dos poucos Orixás que eram melhor recebidos por ela era Ogum, e ainda assim porque sua "marcialidade" tornava-o pouco falante, preciso e objetivo nos contatos "diplomáticos" com ela, a mais soberba das Orixás femininas.

Dela e dos seus mistérios, poucos sabiam alguma coisa, e isso quando era possível obter algo dela, às vezes conseguido só após Olorum determinar-lhe diretamente.

Enfim, Pombagira era o oposto em tudo ao que se sabe dentro da Umbanda.

Ela vivia isolada de todos, não se misturava com ninguém no interior de Olorum e zelava pelo rigor e discrição nas suas ações e, porque ela havia sido gerada na matriz geradora de interiores e a Criação, até aquele momento crescia "por dentro e para dentro" do nosso Divino Criador; ela era a guardiã divina dos interiores e era muito solicitada para que ativasse o mistério da sua matriz geradora e gerasse "interiores" dentro dos já internos domínios dos Orixás.

Pombagira recebia de Olorum um tratamento e um carinho muito especial porque ela era rigorosíssima na concessão de "interiores" para os domínios dos outros Orixás, muitos dos quais a viam e a tinham como "muito exigente".

Exu Mirim, porque era meio bocudo e dizia o que pensava sem refletir no peso das palavras, não se dava nada bem com ela e ambos viviam se estranhando, digo, antagonizando-se só de se olharem.

Esse fato se refletiu na Criação externa de Olorum, pois quando Este intencionou exteriorizar sua Criação interna, e como as intenções divinas eram geradas na matriz geradora de intenções, Olorum determinou a ele que solicitasse a Pombagira que ela abrisse um interior nesse plano das intenções, que se tornaria o primeiro estado da Criação.

Exu Mirim, gerado na matriz geradora das intenções divinas, era o primeiro a saber das intenções de Olorum e logo as revelava aos outros Orixás. Mas, não sabemos porque, daquela vez guardou para si as privilegiadas informações sobre as novas intenções Dele e, sem comunicar nada aos outros Orixás, dirigiu-se até os domínios da matriz geradora de interiores e exigiu falar imediatamente com Pombagira, a guardiã dos mistérios da interiorização... e dos interiores das coisas e de tudo mais.

Como ele exigiu uma audiência imediata e em nome de Olorum, ela dispensou um outro Orixá que estava falando-lhe sobre a necessidade de ser criado um interior em várias coisas já geradas em seu domínio interno na Criação.

Ela interrompeu a audiência e cancelou toda a sua agenda porque se um Orixá exigia uma audiência imediata em nome de Olorum, tudo tinha que ser interrompido, pois no instante seguinte tudo poderia ser mudado.

Já sabendo que ia ser o primeiro Orixá a ser exteriorizado e que no "lado de fora" seria o Orixá primogênito, ele se esqueceu ou deixou de lado certas regras de procedimentos em domínios alheios e assim que entrou na matriz geradora de interiores e ficou diante dela, foi logo dizendo:

– Pombagira, o nosso pai e nosso Divino Criador Olorum determina-lhe que abras um interior para o plano das intenções, já gerado por ele na matriz que me gerou.

– Que plano é este, que não ouvi nada sobre ele até agora, mal educado e nada diplomático Exu Mirim?

– É o que eu já disse: a partir da matriz geradora das intenções o nosso pai Olorum exteriorizará de si um primeiro plano da Criação, por onde Ele exteriorizará todas as Suas intenções divinas para que, a partir desse plano, a Criação possa ser exteriorizada no que será conhecido como "o lado de fora ou a morada exterior do Divino Criador Olorum!" – falou ele, todo seguro de si e com uma certa mordacidade, pois, não se sabe por que, estava se sentindo superior a todos os outros Orixás.

Pombagira, por gerar o fator envaidecedor, captou um "quê" de vaidade nele e achou que o que Olorum intencionara fosse prejudicá-la ou colocá-la em uma posição de inferioridade ante Exu Mirim, com o qual já tinha várias contas pendentes.

Por pura precaução, ela não exteriorizou o ciúme que sentiu ao vê-lo ser privilegiado em algo que ela desconfiou que seria grande, muito grande!

Sem que Exu Mirim soubesse que ela possuía um mistério que lhe permitia saber das coisas, inclusive das intenções, por dentro delas, ela o ativou e ficou sabendo que ele guardara para si tão importantes e privilegiadas intenções.

Decidida a dar-lhe uma lição inesquecível e acertar umas contas pendentes, falou-lhe:

– Exu Mirim, já está aberto um interior no plano das intenções, sabe?

– Não estou sabendo não, Pombagira. Cadê o interior e o próprio plano das intenções, se não o vejo sendo exteriorizado por nosso pai Olorum?

– Eu já abri um interior no plano das intenções. Mas, se você não consegue vê-lo, então já não é problema meu, e sim seu, certo?

– Errado, senhora dos interiores! Se tivesses feito esse plano já estaria visível no lado de fora do nosso pai e criador Olorum. Mas, até agora, não há nada mais além do nada além dele, certo?

– Isto é certo, Exu Mirim.

– Se isto é certo, então onde está o interior do plano das intenções?

– Procure-o em você mesmo e na sua matriz geradora que o encontrará, criança que cresceu por dentro!

– Essa não, Pombagira!!!

– Essa sim, Exu Mirim!

– Isso não está certo. Eu protesto veementemente, sabe?

– Protesto recusado, meu garoto esperto! Fiz o que nosso pai e criador Olorum ordenou: abri um interior no seu plano das intenções... e ponto final.

– Mas esse plano deveria ter seu interior aberto para além e para fora Dele, sabe?

– Não sei não, Exu Mirim. O que sei é que, para além e para fora Dele não há nada além do nada absoluto. Logo, no nada, não há como abrir nele um interior para algo, pois nele, nada existe.

– Essa não, Pombagira! No nada começaria a existir o plano das intenções, cujos mistérios são regidos por minha matriz geradora.
– Isso eu sei. E justamente por não haver nada além de Olorum, só me restou abrir um interior no seu plano das intenções para dentro, de sua matriz geradora, que agora também cresceu para dentro, pois abriga dentro de si todo um plano só para abrigar as intenções do nosso pai e criador.
– Pombagira, esse plano abrigaria e exteriorizaria inicialmente as intenções Dele. Mas, posteriormente, abrigará as intenções de tudo e de todos, sabe?
– Já estou sabendo... que no nada, nada continua existindo.
– Você me ferrou, Pombagira. Como vou explicar para minha matriz geradora esse anacronismo criado por você ao abrir por dentro e para dentro dela um plano para abrigar as intenções de "exteriorizar-se" do nosso pai Olorum?
– Isso é com você, certo?
– Errado, Pombagira! Além das intenções Dele, todas as intenções de todos os Orixás e demais seres criados por Ele serão abrigadas justamente no interior da matriz geradora das intenções. Isto não me parece certo, sabe?
– Se isto é certo ou errado, aí já é problema seu. Limitei-me a abrir um interior no seu plano das intenções.
– Mas você o abriu para dentro, quando ele deveria ser aberto para fora!
– Foi isso mesmo que fiz, Exu Mirim!
– Agora, as intenções exteriorizadoras do nosso pai Olorum ficarão interiorizadas no plano das intenções porque o interior dele foi aberto por e para dentro da própria matriz geradora das intenções. Como elas serão exteriorizadas, Pombagira?

– Alguém pode reter uma intenção do nosso pai e criador Olorum?

– Ninguém tem esse poder, Pombagira.

– Então pense assim: nosso pai intencionará algo que, num primeiro instante, será abrigado no interior da sua matriz geradora. Mas, como é impossível reter dentro de algo uma intenção Dele, logo a intenção será exteriorizada por ela, certo?

– Você acabou de criar a burocracia, sabe?

– Não sei não. Explique-se, Exu Mirim!

– A abertura do plano das intenções no nada era para que as intenções fossem exteriorizadas e imediatamente tomassem forma e desencadeassem ações divinas no lado de fora Dele.

Agora isso não acontecerá naturalmente, porque antes ficarão retidas dentro da minha matriz geradora e só posteriormente serão exteriorizadas. Você complicou o que era para ser simples e direto. Você burocratizou as intenções, sabe?

– Chame essa burocracia de gestação, Exu Mirim!

– Gestação? O que isso significa, Pombagira?

– Gestação significa que as intenções ficarão retidas dentro da sua matriz geradora e só serão exteriorizadas quando ela não puder retê-las mais. As intenções ficarão em gestação ou ficarão gestando até que tenham amadurecido e tenham que ser postas para fora ou exteriorizadas, sabe?

– Já estou sabendo que ainda que eu gere o fator complicador, no entanto, foi você quem complicou toda a Criação de um "lado de fora" e de uma morada exterior do nosso pai e criador Olorum.

Você tem noção da complicação que criou com essa burocratização da Criação exterior, Pombagira?

— Tenho sim, Exu Mirim. Só o aviso de que, o que lhe parece uma complicação, é uma alternativa sapientíssima ao seu outro "plano", sabe?
— Não sei não, Pombagira. Explique-se!
— Não tenho nada a explicar-lhe, Exu Mirim.
— Exijo uma explicação imediata ou a levarei às barras da justiça do nosso irmão Xangô.

Ao ver Exu Mirim irritadíssimo e já começando a gerar seu fator "nadificador" dentro de sua matriz geradora, ela temeu ver seu domínio reduzido ao nada e aquiesceu, dizendo-lhe:

— Recolhas essa intensa emanação do seu fator "nadificador" que eu me explico, Exu Mirim. Afinal, por que irmos às barras da justiça se podemos resolver tudo de forma amigável, não é mesmo? — falou ela, entre dentes.

— Então, explique-se ao atribuir-me um segundo plano se só tenho o plano das intenções.

— Exu Mirim, você foi privilegiado ao saber das intenções do nosso pai Olorum antes de todos os outros Orixás. Seu segundo plano não é um na acepção da palavra, e sim, é a intenção de tornar-se o primeiro Orixá a ir para o exterior Dele e, com isso, reinar sobre todos na Criação exterior. Isso, não posso admitir ou aceitar, sabe?

— Alguém será o primeiro, Pombagira!
— Isto é certo, Exu Mirim.
— Então, qual é o problema se eu for o primeiro?
— Ex-reizinho da Criação... que ainda não existe, você gera o fator irritador, o complicador, o nadificador, o regredidor, o... etc. Logo, caso você venha a se irritar com algo que o desagradar, começará a gerar e emanar esses seus fatores para a Criação e aí ela ficará complicadíssima, será reduzida ao nada e começará a regredir.

– Puxa!!! Você deduziu tudo isso, Pombagira?
– Foi o que deduzi desse seu segundo plano ou segunda intenção, certo?
– Por agora, está certo. Explicação aceita, mas internalizada.
– O que isso significa, Exu Mirim?
– Por enquanto, nada. Mas quando eu gestar umas intençõezinhas em meu íntimo, aí você saberá.
– Essas suas "intençõezinhas" não me parecem boas ideias, sabe?
– Ainda não sei não. Afinal, intençõezinhas não exteriorizadas não são nada mesmo, não é verdade?
– Intençõezinhas, se gestadas por um longo tempo, podem resultar em grandes e complicadíssimos problemas, Exu Mirim!
– Veremos, Pombagira. Veremos!

E mais ele não falou, retirando-se como era seu hábito: recolhendo-se no nada, pois, para aparecer em algum lugar ou diante de alguém, Exu Mirim surgia do "nada" também.

Até aqui, vocês viram como Pombagira era dentro de seu domínio interior, localizado dentro da matriz geradora de interiores, certo?

Exu Mirim notou que ela o havia ferrado e que perdera a primazia só porque ela ficara com ciúmes por ele ter sido escolhido por Olorum para reger o plano das Suas intenções de exteriorizar-se e fazer surgir no nada Sua morada exterior.

Como o nada era domínio de Exu Mirim, a morada exterior seria criada dentro dele e, daí em diante, para ela, ele se tornaria "intragável".

As intenções de Olorum ficaram em gestação dentro da sua matriz geradora de intenções e atrasou um pouco o início da Criação, sabem?

Mas, como toda gestação, por mais demorada que seja, uma hora acontece, eis que mais adiante o "parto" aconteceu e, finalmente, teve início a Criação da morada exterior do nosso Divino Criador Olorum, durante a qual tudo e todos então existentes dentro Dele começaram a ser exteriorizados.

Foi justamente nesse instante crucial para o sucesso da Criação que Exu Mirim aproveitou para acertar algumas "contas pendentes" com ela e com mais alguns outros "desafetos" seus.

Com os outros, são outras histórias. Mas com ela, aí já é esta mesmo, sabem?

O fato é que, por ele gerar o fator avessador e que pode avessar tudo o que ele imanta, no momento que Pombagira ia exteriorizar-se ele a imantou com esse seu fator e ela se exteriorizou "avessada", ou seja, exatamente ao contrário do que era dentro da sua matriz geradora de interiores!

Isso, esse avessamento de Pombagira, complicou muito a Criação e, desde então, esse avessamento de Pombagira já gerou tantos problemas que é melhor nem tocar no assunto para não melindrá-la ainda mais.

Afinal, Pombagira às avessas, se melindrada, põe a boca no mundo e isso é um problema e tanto, sabem?

Ela nunca mais para de falar do seu melindre, sentindo-se injustiçada e acusa o seu melindrador de tudo o que lhe for possível e imaginável, tornando sua existência ou simples presença um problema para os outros.

– Quem melindra Pombagira, melindrado está!

Inclusive, na nascente religião umbandista, alguns autores ou pseudo-autores, não entendendo nada sobre ela, escreveram que ela é isso e aquilo e aquilo mais, comparando-a às rameiras e mulheres oferecidas, fato esse que a melindrou muito, mesmo!

Não temos como saber qual será a sina deles após desencarnarem, mas que será problemática, isso será.

Bom, voltando à nossa história, digo, lenda, o fato é que antes Pombagira escondia tudo, porque ela gera o fator escondedor e, depois de ser exteriorizada às avessas, passou a mostrar tudo, tanto de si quanto dos outros, sabem?

• Se antes escondia o que pensava, depois começou a revelar tudo.

• Se antes ocultava como era externamente, depois se tornou exibicionista.

• Se antes era a personificação do recato, depois se tornou o desacato em pessoa.

• Se antes se abria para dentro, depois começou a abrir-se para fora.

• Se antes escondia o que sentia, depois não se pode sentir nada que já sai falando para todos.

• Se antes gestava para dentro, depois passou a gestar para fora, fato esse que criou um problema e tanto porque, tudo o que estiver sendo gestado logo é visto pelos outros. Que o digam as mulheres grávidas!

E por mais que tentem ocultar suas "gestações internas", uma hora elas vêm à tona e todos ficam sabendo.

Enfim, tudo acaba sendo descoberto!

Quanto a Pombagira, que possui duas "feições", uma externa e outra interna, se a primeira a mostra como espírito feminino liberado de certas convenções, tabus e preconceitos, a interna oculta um dos mais repressores mistérios da Lei Maior, que atua justamente sobre os desvios conscienciais relacionados à sexualidade, à libido, à reprodução e à multiplicação das espécies.

A imagem que mais se aproxima das feições internas de Pombagira é a das velhas feiticeiras dotadas de um poder temidíssimo.

Quanto à desenvoltura com que lida com os problemas íntimos, sejam eles de que ordem forem, isso se deve ao fato de ela ser a guardiã dos mistérios da matriz geradora dos interiores e, tudo que os seres interiorizam, e não dão vazão, está dentro do seu domínio na Criação, nos seres e nas espécies criadas.

Alguns conceitos sobre Pombagira a associam a Oxum, e ambas formariam uma linha, sendo que o polo positivo é regido por essa amorosa mãe Orixá e o polo negativo é regido por ela.

Na verdade, Pombagira e Oxum regem mistérios e fatores-funções opostos-complementares e, às vezes, suas funções se confundem ou são confundidas devido à dificuldade de identificar quando é uma e quando é outra que está atuando.

Principalmente porque, ao ser avessada quando de sua exteriorização, o que deveria estar oculto em seu interior foi avessado, e a sua beleza exuberante, mas interna e recatada, mostrou-se através do seu exterior, deixando à mostra tudo o que até então ela escondia de todos.

Exu Mirim jamais "perdoou" Pombagira por ela ter aberto o plano das intenções para dentro da Criação, fato esse que tirou dele a primazia na Criação exterior.

Em compensação, ela também jamais "perdoou-o" por tê-la avessado no justo instante de sua exteriorização, revelando tudo o que ela escondia em seu interior.

Revelam certas fontes que, antes de ser exteriorizada, Pombagira cobria-se com vestes discretíssimas que a escondiam quase que por completo. E o pouco que ficava à mostra não chamaria a atenção de ninguém. Mas, ao ser avessada durante sua exteriorização, a discrição foi avessada e virou exibicionismo. E tudo que antes ela escondia de todos é o que ela, exteriorizada, deseja que todos vejam nela.

Isto sim, é um paradoxo!
- Antes, ela escondia e depois passou a mostrar.
- Antes, ela negava e depois passou a confirmar.
- Antes, ela era discreta e depois se tornou exibicionista.
- Antes, ela regateava tudo, depois se tornou oferecida ou oferecedora.
- Antes, ela reprimia a sexualidade, depois liberou totalmente.
- Antes, era confidencial, depois se tornou reveladora.
- Antes, encobria-se toda, depois se despiu de toda e qualquer veste.

Enfim, esta lista poderia se estender por muitas páginas e sempre veríamos o paradoxo entre a Pombagira interior e a exterior, resultado do avessamento que lhe foi imposto por Exu Mirim no momento de sua saída do interior da Criação.

Inclusive, certas fontes nos informam que ela, vendo que não havia como voltar a ser como era antes no lado interno da Criação, amargou-se por muito tempo e só abrandou sua amargura quando Oxalá criou um líquido que, ao ser ingerido por ela, liberou seu íntimo reprimido.

Esse líquido, Oxalá extraiu das uvas e, no futuro, aqui no plano material, alguém, inspirado por suas manifestadoras, criou primeiro o vinho e depois a champagne, as únicas bebidas que realmente as agradam porque liberam o interior delas que, se externamente são exibicionistas, internamente são repressoras ou reprimidas ou reprimidoras.

Que ninguém se engane com Pombagira, porque ela possui duas "faces": – uma para fora e conhecida através dos seres femininos manifestadores dos seus mistérios, e outra, voltada para o íntimo e interior dela, totalmente desconhecida de todos os seres e só conhecida pelos Orixás, que com ela conviveram quando viviam na morada e no íntimo de Olorum.

- Enquanto a face exterior é exibicionista e tagarela, a face interna é discreta e calada.
- Enquanto a face externa exibe sua beleza interior, a face interna esconde sua beleza exterior.
- Enquanto sua face externa exibe seu sensualismo interior, sua face interna esconde seu sensualismo exteriorizado.

Paradoxo é o outro nome de Pombagira!

Revela-nos certa fonte que, se por fora ela se mostra exuberante, por dentro ela é árida.

Se por fora ela é envolvente, por dentro ela é intratável.

Se por fora ela "atiça" os desejos, por dentro ela é "frieza pura" ou frígida.

Enfim, é melhor pararmos de falar das duas faces ou feições de Pombagira antes que revelemos algo que a desagrade e aí... bem, deixa pra lá, certo?

O fato concreto é que a Pombagira que conhecemos na Umbanda, por meio das suas manifestadoras espirituais, é só um dos dois lados de uma mesma divindade que, por dentro, é aposta em tudo o que mostra por fora.

Se visto só por fora o seu arquétipo, construído a partir das suas manifestadoras espirituais serve para ocultar suas reais funções na Criação enquanto mistério original de Olorum.

Vamos a mais uma lenda sobre Pombagira, para que algumas de suas funções sejam conhecidas.

Capítulo V

Lenda da Exteriorização de Pombagira

No livro de nossa autoria, intitulado *Orixá Exu*, descrevemos rapidamente sobre o início da Criação ou da "gênese" que, na sua base, encontra-se o Orixá Exu Mirim como regente do plano das intenções, o Orixá Exu como regente do primeiro estado da Criação, que é o do Vazio Absoluto, e Oxalá como regente do segundo estado da Criação, e que é o do Espaço Infinito.

Esses três Orixás formaram uma base que acolheria dali em diante tudo o que mais para a frente seria chamado de estados da Criação, de planos da Vida, de "Criação", em seu sentido mais amplo e divino.

Todos os Orixá começaram a ser exteriorizados assim que suas matrizes geradoras abriam seus mistérios e seus estados para o "lado de fora" de Olorum, mas já dentro do Espaço Infinito, aberto dentro do Vazio Absoluto por Oxalá.

Estados e mais estados foram sendo abertos e nada de Pombagira juntar-se aos Orixás já exteriorizados e reunidos à volta de Oxalá.

Ainda que poucos soubessem algo sobre ela e menos ainda apreciavam sua frieza nos relacionamentos puramente funcionais, no entanto todos estavam estranhando sua ausência ou demora em ser exteriorizada.

O tempo foi passando e nada dela aparecer! Então, após aguardá-la por muito tempo, Oxalá deu início à primeira reunião de trabalho com todos os Orixás, não sem alguns percalços porque Exu, por nada ainda existir além dos estados em si, só conseguiu juntar-se a eles depois que Oxalá gerou o Vazio Relativo ao redor ou do lado de fora dos estados, e Obaluaiê gerou uma passagem entre o Vazio Absoluto e o relativo e deste para o Espaço Infinito, facilitando sua participação na reunião.

Quanto a Exu Mirim, como não podia deixar de ser muito complicado mesmo, foi difícil porque ele estava exteriorizado, mas para dentro de sua matriz geradora, se é que isso é possível.

Como Pombagira havia aprontado uma armadilha para não lhe dar a primazia na Criação, ele só conseguiu sair do interior de Olorum quando Oxalá abriu um subplano externo para abrigá-lo e para as intenções.

Esse subplano se abriu no lado de fora de Olorum, mas, por causa de alguns obstáculos interpostos por Exu, ele ficou no lado de fora do Vazio Absoluto, quase que como esse seu lado oposto.

Vendo que Pombagira não apareceria mesmo, os Orixás decidiram dar início às coisas dentro dos seus estados em pouco tempo e, de estado em estado, chegaram ao plano material.

É claro que foi pouco tempo para eles, mas, segundo alguns, durou milhões de anos até que o que estava dentro tivesse sido exteriorizado por Olorum, que continuava a criar e a gerar novas "coisas".

Quando o universo "material" se desdobrou como um cosmos infinito, teve início a criação dos corpos celestes, processo esse que não descreveremos aqui, mas que já dura muitos bilhões de anos e parece-nos que nunca terá fim porque, a cada dia, pesquisadores e observadores astronômicos descobrem o "nascimento" de novas estrelas, ainda que elas já tenham sido criadas a bilhões de anos-luz de distância, o que equivale a bilhões de anos atrás, certo? Mas que continuam a nascer, disso não temos dúvida!

O fato é que cada Orixá, por ser em si uma divindade-mistério do Divino Criador Olorum, traz em si o poder de, através do pensamento, ir dando forma e concretizando todas as intenções Dele para o estado específico de cada um.

Isso que comentamos acima será descrito em outro livro para que entendam melhor como são os mistérios criadores-geradores de Olorum, guardados pelos sagrados Orixás.

Continuando, o fato é que as intenções divinas iam se concretizando, e Oxalá, por gerar de si o fator exteriorizador, facilitou para todos os outros Orixá as exteriorizações dos estados deles, dentro dos quais tudo ia surgindo e tomando forma, criando os planos descendentes da vida, cujos inícios estão localizados no interior de Olorum, onde estão localizadas e assentadas todas as suas matrizes geradoras, dentro das quais suas intenções desencadeiam os processos criacionistas-geracionistas.

Após um processo ser concluído, uma intenção concretiza-se em mais uma "Criação divina" que precisa ser exteriorizada ou enviada para o mundo manifestado ou para o "lado de fora" do Divino Criador Olorum.

O plano divino localiza-se no interior de Olorum, e o plano mais denso localiza-se no universo material, sendo assim denominados como os dois extremos da Criação.

Cada matriz geradora se abre a partir do plano interno e cria de dentro para foram uma realidade só sua e que é um mistério em si porque, sem quebra de continuidade, alcança até o plano material localizado nesse "nosso" universo físico e revestido pelo que denominamos universo espiritual.

A única alteração que se observa em uma realidade é a sua "densificação", à medida que avança na direção do lado material da Criação e sua "rarefação" ou sutilização em sentido contrário.

Elas são como um manto energético que parte do interior de Olorum e, de plano em plano descendente, vão se densificando até que fazem surgir tudo o que existe dentro do Espaço Infinito, o que chamamos de "universo".

E, como a atividade geracionista dentro das matrizes geradoras é incessante, elas nunca param de gerar e exteriorizar o que estão gerando continuamente.

Mal comparando-as, podemos fazer uma analogia com uma linha de produção de doces, por exemplo, onde, no início dela os ingredientes básicos são misturados e, dali em diante, tudo é feito automaticamente, sendo que uma das últimas etapas é a da embalagem dos doces, quando, aí sim, o processo está concluído e o produto final está pronto para ser distribuído e colocado à disposição dos seus apreciadores, que o consumirão como um alimento agradável ao paladar mas que, durante todo o processo de digestão, ele será partido de tal forma que, no seu final, uma parte terá se transformado em energia (lipídios, ácidos, protídeos, vitaminados, etc.) e outra será descartada pelo organismo, descarte esse que será desagregado por agentes químicos e biológicos e será reintegrado já como "energia densa" ao meio que o acolheu, energizando-o para que todo o ciclo se repita continuamente.

Pois bem, tudo estava pronto desde o interior de Olorum ou das suas matrizes geradoras divinas até o plano da matéria e pronto para começar a acolher as infinitas "ondas vivas" formadas por seres das mais diversas espécies ou "formas de

Lenda da Exteriorização de Pombagira   45

vida", a maioria desconhecida por nós, quando a contraparte espiritual do plano material, e ele próprio, começaram a sobrecarregar-se a tal ponto que o caos energético e vibracional fugiu ao controle dos Orixás sustentadores dos muitos estados, porque além do estado da matéria não havia um plano posterior para abrigar suas emanações energéticas pois, caso vocês não saibam, toda substância material, desde a menor partícula até o maior corpo celeste, tudo emite vibrações altamente energizadas.

Essa "energia" emitida por cada "coisa existente" provém do interior do Divino Criador, é emitida pelas suas matrizes geradoras e é irradiada para o lado de fora das coisas, localizadas dentro do Espaço Infinito de Oxalá.

E eram tantas as coisas já criadas e concretizadas emitindo continuamente as energias provindas das matrizes geradoras que o plano material e sua contraparte espiritual viraram um caos energético incontrolável e que a cada instante crescia mais e mais.

Oxalá, vendo o caos estabelecer-se no plano mais denso da Criação, convocou uma reunião de emergência com todos os Orixás, com a finalidade de restabelecer o controle sobre as emissões energéticas dos lados material e espiritual da Criação.

Todos eles, com o semblante preocupado, ouviram o seu relatório sobre o estado das coisas criadas no lado mais denso da Criação e solicitou sugestões.

Um Orixá de nome não revelado sugeriu para enviarem as sobrecargas para o Vazio Absoluto de Exu, mas este deu um salto em seu trono-assento e, aos berros, foi logo dizendo:

    Oxalá, sugestão rejeitada de pronto, meu irmão!

    – Por quê, Exu? O Vazio Absoluto não esvazia tudo que entra nele?

– Isso acontece sim. Mas há um problema: o que farei com o que restar, já esvaziado?

– Ora, meu irmão! O vazio é um estado infinito em si mesmo e dá para você acomodar no lado de fora da Criação esses "substratos" já desenergizados, certo?

– Nem pense mais nessa solução "quebra-galho", Oxalá! Aí o Vazio Absoluto deixará de ser o que é, o vazio, e ficará tão cheio de coisas vazias que se transformará no lixão da Criação.

– Não é bem assim, Exu!

– É assim sim, Oxalá. Minha matriz geradora considera essa sua solução impraticável porque ela só tem saída para o exterior da morada interior, e esse acúmulo infinito de "substratos energéticos" vai paralisar seu domínio e o meu estado na Criação. A não ser que...

Como Exu se calou, Oxalá instigou-o a continuar, mas Exu Mirim, muito assustado, gritou:

– Exu adulto, não diga mais nada! Já sei qual seria a sua sugestão porque captei a intenção de sua matriz geradora. Que isso não saia do plano das intenções, certo?

– Está certo, Exu Mirim. Também não precisa se exaltar, sabe?

– Eu só estou reagindo a uma intenção irrealizável, pois enviar os substratos energéticos para os domínios do "Nada" transformarão o plano das intenções num aterro sanitário colossal, livrando-os da encrenca que se criou no lado de fora da Criação, certo?

– Isso não me ocorreu, Exu Mirim. Como você rege sobre o Nada, imaginei que, após desenergizar os substratos, você bem que poderia reduzi-los ao nada, está bem?

– Não está não, Exu adulto. Você já se esqueceu que Pombagira gerou o interior do plano das intenções para o lado de dentro de minha matriz geradora? E que, ao exteriorizar

o plano das intenções, ele se exteriorizou por dentro dela e não para fora?
– É, isso é um problemão, não?
– Se é! Nem me fale nas "broncas" que já levei por causa dessa armadilha armada contra mim por Pombagira! De tantas broncas que já levei, já tem uns Orixás aí, e que não vou citar seus nomes, que já estão me achando um "menino mal", sabe?
– Esse negócio de achar é comigo, Exu Mirim! O que você insinuou com o fato de não revelar os nomes dos que já o estão considerando um menino mal? Por acaso você se referiu a mim?
– A você não, mas que há uns aí me olhando de um modo estranho, isso há, certo?
– Isso é com você e eles, Exu Mirim. Mas... o que você acha dessa minha intenção?
– Exu adulto, no Vazio ainda se acha algumas coisas. Mas, no nada, nada se acha. Logo...
– Nem pensar em concretizar essa minha intenção, que solucionaria o problema de todos os outros Orixás, certo?
– Certíssimo, Exu adulto! Se ela fosse concretizada, o Nada recolheria todos os problemas surgidos na morada exterior e os internalizaria dentro do plano das intenções que, de tão cheio de problemas internalizados, deixaria de gerar intenções puras e originais e só passaria a gerar intenções problemáticas.
– É, tem que ser encontrada a solução ideal, pois recolher no interior do nosso pai Olorum os problemas gerados aqui fora não foi uma boa ideia, Exu Mirim.
– Foi o que eu disse, Exu adulto!
Egunitá, quieta e só observando, como é seu hábito, pediu a palavra e ofereceu-se para ativar o seu fator consu-

midor que, segundo ela, consumiria o excesso de energia e reequilibraria o plano mais denso da Criação.

Solução aceita... e o Universo incandesceu-se de tal forma que virou chama pura e gerou tanto calor que os mundos já criados começaram a derreter de tanta energia que já haviam irradiado.

Às pressas, ela recolheu seu fator consumidor e foi preciso que Logunan criasse as geleiras e as calotas polares para resfriar os mundos já criados que, por terem sido resfriados às pressas, racharam-se e ali foram criadas as placas tectônicas, que até hoje dão problemas para nós quando se movem e colidem umas com as outras.

Exu sugeriu ativar seu fator devorador, mas logo teve que recolhê-lo porque ele, além de devorar as energias irradiadas pelos mundos e pelas suas composições, também ia devorando-os e deixando tudo vazio por trás do seu avanço.

Como o fator devorador devora e não devolve o que devorou, o Universo perdeu muitos mundos belíssimos, umas verdadeiras obras de arte mesmo!

E, como Exu é quem gera esse fator e o recolhe em si, dizem à boca pequena ou aos cochichos que externamente ele pode até ser vazio de certas coisas, mas que, por dentro, o seu interior é belíssimo, formado por mundos cada um mais bonito que os outros, e que se engana quem julga Exu só pelo seu exterior ou pelo seu aspecto exterior.

Solução descartada também às pressas, e Oxalá pediu um "tempo" a Logunan para refletir e pensar até encontrar uma solução ideal para o problema do caos energético estabelecido no plano mais denso da Criação e em seus dois lados: o espiritual e o material!

Omolu ofereceu-se para ativar o seu fator paralisador e paralisar toda e qualquer emissão de energia por parte das coisas criadas, mas ela foi recusada porque, ao paralisá-las, as que estavam "descendo" de plano em plano iriam ser represadas e sobrecarregariam "por dentro" toda a Criação até que ela ficasse cheia e as energias emanadas refluiriam para o lado de dentro, fazendo com que o caos, por hora restrito ao plano mais denso, explodisse no plano interno e, aí sim, um caos de proporções "bíblicas" se estabeleceria dentro da morada interior de Olorum.

Só após ouvir de cada um dos Orixás suas sugestões para a solução e ver que nenhuma resolveria de forma ideal o problema de excesso de energias no plano mais denso da Criação e em seus dois lados, o espiritual e o material, finalmente Oxalá se recolheu na sua reflexão e começou a pensar, pensar e pensar.

Quando encontrou a solução, ele saiu de sua reflexão e revelou-a:

– Minhas irmãs e meus irmãos Orixás, como não será criado nenhum plano posterior e mais denso que aquele onde está assentado o universo físico e sua contraparte espiritual, e como nos é impossível acomodar toda a energia que está sendo irradiada por todas as coisas já criadas, a única solução está na nossa reclusa irmã Pombagira que, não sei por quê, não saiu ainda de dentro de sua matriz geradora.

Só pombagira traz em si o poder de gerar o fator interiorizador, que cria interiores em tudo o que deixa de ser intenção e adquire existência!

Mas, como fazer com que ela saísse do interior de sua matriz geradora?

Após muitas hipóteses, ficou decidido que o pássaro mensageiro levaria um convite para que ela que viesse encontrar-se com os outros Orixás já estabelecidos e assentados nos muitos estados da Criação exterior.

A resposta dela foi esta:

– Como Exu Mirim havia avessado-a no momento de sua exteriorização, então ela estava voltada para o interior da Criação e não tinha como ajudá-los na solução da sobrecarga energética do seu plano mais denso.

Mas isso, ela só lhes respondeu depois que o pássaro mensageiro revelou-lhe que não havia nada de errado no fato de o plano das intenções ter tido seu interior aberto para dentro, preservando-as e resguardando-as, assim como não havia nada de errado com o fato de ela ter sido avessada por Exu Mirim porque ambos os acontecimentos eram a concretização de "vontades" do Divino Criador Olorum, porque Este queria tê-la assim, com sua natureza original voltada para o interior da Criação vigiando o retorno de tudo o que já havia e ainda haveria de ser exteriorizado e a queria às avessas e com uma segunda e exuberante natureza, capaz de atrair a atenção de todos e de atrair para si todos os olhares, capaz de fazer aflorar no exterior dos seres a beleza interior de cada um, recebida Dele na origem ou capaz de fazer aflorar a feiúra desenvolvida por cada um na longa jornada evolucionista.

– Então, externamente, sou como sou porque sou o resultado de uma vontade do nosso pai e Divino Criador Olorum, pássaro mensageiro?

– Foi o que lhe revelei, Pombagira! – exclamou o pássaro mensageiro, que o fez mentalmente porque, como todos sabem, pássaros não falam, certo?

– Então todos terão que me suportar, digo, aceitar-me como agora sou por fora, não é mesmo pássaro mensageiro?

– Foi o que lhe revelei, Pombagira! – respondeu mais uma vez o pássaro mensageiro, já meio cansado de ter que repetir essa resposta tantas vezes. E, de tantas vezes que teve de repeti-la, só não começou a arrancar as plumas que o tornam tão belo porque pássaros não têm mão, senão até isso ele teria feito, de tanto que ela tagarelava, justificando seu novo estado exterior.

Por fim, ela o liberou com a resposta que já citamos linhas atrás.

Oxalá, ao ouvir que ela aceitara sair mas não tinha como chegar até eles porque seu domínio na Criação estava virado para dentro, ou seja, às avessas!, imediatamente solicitou a Ogum que abrisse em todos os estados da Criação caminhos para que ela pudesse chegar a eles.

Como todos os Orixás têm seus caminhos na Criação, os abertos para ela partiam do interior do seu domínio e terminava no de cada um deles, mas nunca atravessando-os ou cruzando-os, fato esse que, no futuro, seria conhecido como encruzilhada em "T" ou encruza de Pombagira.

"A encruza em "T" tem um simbolismo importantíssimo porque tanto pode significar a entrada de Pombagira nos caminhos alheios como pode significar uma saída à esquerda para os outros Orixás (e todos nós) enviarem para os domínios dela tudo o que está atravancando os caminhos deles (e os nossos).

A encruza em "T" de Pombagira tanto pode ser um problema como pode ser a solução para muitos deles.

Tudo depende da forma como ela está entrando ou saindo dos caminhos alheios".

Então, após um certo suspense da parte dela, eis que surge Pombagira, toda faceira e cheia de melindres e "não me toques", a vaidade e o exibicionismo em pessoa!

Ainda que não houvesse macacos naquele momento histórico da Criação, há quem jure de mãos postas que, ao vê-la, Exu Mirim exclamou.

– Macacos me mordam se não estou vendo o pecado na forma de uma mulher!

Exu, por sua vez, exclamou:
– Olorum, o Senhor criou a mulher... e Exu Mirim complicou tudo, meu pai! O que vai ter de homem sendo reduzido ao estado de ameba por causa dela, no Vazio é que não caberão!
Ogum, antevendo o que de fato aconteceria, sentenciou:
Acabou a paz na Criação!
Xangô, calado até então, exclamou:
– Meu pai, a Criação mal começou e a idade da razão já acabou!
As exclamações de surpresa não cessavam:
– Pombagira, quem a resiste!
– O caminho da perdição passa por Pombagira!
– Exu Mirim, ao acertar suas contas com Pombagira, ferrou a Criação!
– Agora sim, é que as coisas vão se complicar!
– Se árvores que nascem tortas não se endireitam, diante de Pombagira até árvores direitas se entortarão!
– Se antes era difícil chegar diante de Pombagira, de agora em diante será impossível ficar na frente dela!
Foram tantas as exclamações proféticas que é melhor pararmos por aqui antes que revelemos o segredo do "fruto proibido" que ela usou para ferrar, digo, para tentar e seduzir Adão.
O fato é que, após ouvir tantas exclamações proféticas e surpreendentes, ela emitiu a primeira das suas gostosas gargalhadas e perguntou:
– O que vocês querem de mim?
Como todos permaneceram calados, Exu, que perde o verso mas não a prosa, perguntou-lhe:
– Pombagira, valem as segundas intenções?
– Exu, não só as segundas! Todas as intenções são válidas para Pombagira.

– Então é melhor você pegar o caminho de volta e retornar ao interior da sua matriz geradora porque a solução que você traz para a Criação será o maior problema para as criaturas, sabe?

– Ainda não sei não, Exu. Mas se você diz que será, então para Pombagira ele já está sendo, certo?

– Se é certo ou não, ainda não sei. Mas que sua solução será a causa de muitos problemas, isso é indiscutível.

Ainda continuaram com aquela "prosa" por mais algum tempo e só encerram-na porque Oxalá interveio no diálogo deles e falou:

– Pombagira, dá para você parar de falar e trabalhar um pouco?

– Babá criador, qual é o seu problema? Revele-o, para que eu veja se trago em mim a sua solução, certo?

– Errado, Pombagira. Oxalá não tem problema algum em si. O que existe é a necessidade de você usar de um dos seus mistérios para que seja solucionado o problema dos interiores das coisas, sabe?

– Qual é o problema com os interiores das coisas, Babá?

– O problema está justamente no fato de as coisas criadas aqui no lado de fora ainda não terem um interior, problema esse devido à sua não-exteriorização como estado.

Se você tivesse se exteriorizado junto com todos os Orixás, com você teria vindo o estado dos interiores e não haveria o problema da ausência de interiores nas coisas criadas, sabe?

– Já estou sabendo que, sem a minha presença no lado de fora, a Criação externa não terá um lado de dentro. É isso, não?

– É isso mesmo, Pombagira. Você é muito importante para a Criação e é indispensável para o equilíbrio do lado externo, pois, sem um interior para abrigar os excessos de energias geradas pelas coisas criadas, o caos energético tomará proporções inimaginadas.

– Babá criador, agora que estou no lado de fora da morada do nosso pai e criador Olorum, como não fui exteriorizada a partir Dele e sim da minha matriz geradora, há um probleminha, caso eu ative o meu mistério interiorizador, sabe?

– Ainda não sei não. Que "probleminha" é esse, Pombagira?

– Ao ativar meu mistério interiorizador, os interiores que se abrirão levarão os excessos energéticos diretamente para o interior das matrizes geradoras das coisas no interior do nosso pai e nosso criador Olorum, certo?

– É isso mesmo, Pombagira. Onde está o probleminha?

– Ele está no fato de que as coisas criadas geram e irradiam energias densas que, se forem internalizadas como são geradas, elas desequilibrarão o interior das matrizes geradoras.

– Entendi o "probleminha", Pombagira.

– Então solucione-o, que ativo o meu mistério interiorzador e resolvo o vosso problemão, certo?

Oxalá recolheu-se em si e pensou, pensou e pensou! Até que encontrou a solução para o probleminha com os interiores de Pombagira.

A solução era dotar os interiores de mecanismos inversos aos da concretização da Criação, ou seja, à medida que avançassem rumo ao lado de dentro das matrizes geradoras, as energias densas iriam se sublimando até que, já como fatores, voltariam ao interior das suas matrizes geradoras e delas para Olorum.

No futuro, e no lado material do planeta Terra, essa solução geraria para as criações materiais os desmanches, as reciclagens e os reaproveitamentos dos subprodutos, senão os "lixões" ocupariam tanto espaço quanto a produção das coisas.

Após expor a solução do probleminha, Oxalá sugeriu que Pombagira aceitasse as contribuições de vários mistérios de outros Orixás, incorporando-os ao seu mistério interiorizador para que, aí sim, com ele readaptado e reaparelhado, a interiorização não gerasse o caos no interior das matrizes geradoras.

Essa solução não foi aceita passivamente por ela, que alegou que dali em diante seu mistério interiorizador não seria puro, e sim, teria recebido tantos enxertos de outros mistérios que lhe fugiria do controle.

Só após muitas negociações, ponderações e concessões é que ela finalmente concordou em ativar o seu, já não tão dela, mistério interiorizador.

Mas, assim que ela o ativou e dotou cada coisa criada de um interior, esse problema foi solucionado e todo o excesso de energias emitidas pelas coisas criadas começou a refluir para o "interior" da Criação. Não sem ter criado um outro problema para as coisas criadas!

O problema criado foi este: ao abrir nas coisas criadas um interior que conduzia as energias até o interior das matrizes geradoras, assentadas no interior de Olorum, o mistério dela também gerou nas coisas um interior só delas e que não conduz ou leva a nada e a ninguém além de si próprio.

Esse segundo interior, interno e exclusivo de cada coisa criada serve para abrigar o que elas geram mas não irradiam de si, seja porque preferem guardá-las para si, seja porque têm bloqueios internos que as impedem de exteriorizá-las, ou sofrem restrições externas que as impedem de externá-las.

Mas a coisa toda não ficou só nesses dois tipos de interior (um para Deus e outro para si mesmo) porque um terceiro tipo se abriu também, sendo que este se abriu voltado para o domínio "interno" de Pombagira na Criação.

- O primeiro conduz ao interior de Olorum.
- O segundo conduz às coisas criadas para dentro de si próprias.
- O terceiro conduz para dentro do domínio de Pombagira na Criação.

Veremos o resultado de cada um desses interiores no próximo capítulo.

Capítulo VI

O Mistério Interiorizador de Pombagira

Vimos no capítulo anterior que a Criação na morada externa do Divino Criador Olorum estava com um problema insolúvel para as energias que as matrizes geradoras enviavam continuamente e que, partindo do interior Dele, chegavam até o plano material, onde eram usadas pelos Orixás para a criação das coisas concretas.

Mas, como essa "descida" de energias não cessava, tudo o que eles criavam, apesar de ser concreto, continuava a irradiá-las de tal forma que lhes era impossível dar uso a elas.

Quando, finalmente, Pombagira saiu do interior de sua matriz geradora e irradiou seu fator interiorizador, o problema foi solucionado porque a Criação externa passou a ter um meio interno que conduzia de volta ao interior ou às suas origens todas as energias que haviam sido e continuavam sendo irradiadas pelas matrizes geradoras assentadas no "lado de dentro" ou interior de Olorum.

Se, à medida que as energias iam "descendo" de plano em plano elas iam se combinando, densificando e se concentrando até chegarem a um ponto que geravam as substâncias ou matéria, no sentido inverso, a cada plano que "subiam", elas iam se desconcentrando, sublimando e se separando, até que, já como fatores puros e originais podiam ser internalizados pelas suas matrizes geradoras sem que estas se descaracterizassem ou tivessem suas funções geracionistas distorcidas.

O meio criado por Olorum para que suas matrizes geradoras "irrigassem" toda a Criação externa desde o plano mais sutil até o mais denso é denominado realidade.

Cada matriz, ao abrir-se para o "lado de fora" Dele, também abriu uma realidade só sua, na qual posteriormente seriam abrigadas todas as formas de vida que Ele criaria, geraria e exteriorizaria através delas.

Essas "formas de vida" abrangem tudo o que tem vida própria e que, de plano em plano, acabam chegando ao plano mais denso da Criação, que é o plano material e sua contraparte espiritual, onde estacionam até que estejam "maduras" e prontas para reiniciar a longa jornada de retorno ao interior do Divino Criador Olorum.

O "meio de volta" ou retorno, cada um deles está baseado no lado material e está assentado na sua contraparte espiritual.

Esses "meios de volta" são denominados "dimensões da vida" e conduzem ao interior do Divino Criador Olorum.

As realidades começam em Olorum e terminam no plano material-espiritual.

As dimensões começam no plano material-espiritual e terminam no interior das matrizes geradoras das realidades, assentadas dentro dele.

As realidades são os "caminhos" de "dentro para fora" e as dimensões são os caminhos de "fora para dentro".

As realidades exteriorizam tudo o que Olorum cria e as dimensões internalizam tudo o que foi exteriorizado.

São dois meios inversos e com funções opostas.

As realidades são imensuráveis nos seus inícios. Já as dimensões, nos seus inícios elas podem ser mensuradas porque começam na contraparte espiritual dos corpos celestes.

O planeta Terra tem sete dimensões elementais básicas, baseadas nos sete elementos formadores da sua natureza, que são estas:

Dimensão elemental ígnea, eólica, terrena ou telúrica, aquática, mineral, vegetal e cristalina.

Também possui 21 dimensões duais, dimensões encantadas, 77 dimensões naturais e sete dimensões celestiais.

E, dentro dessas dimensões, existem incontáveis reinos e domínios, com todos dando sustentação e amparo aos seres que chegaram até o extremo externo da Criação e, ou ainda estão estagiando na contraparte espiritual do lado material, ou já iniciaram suas jornada de retorno às suas origens divinas.

Na "descida" pelas realidades, temos o Divino Criador Olorum atrás de nós, vigiando e amparando nossa individualização e conscientização sobre nós mesmos.

Na subida pelas dimensões, temos o Divino Criador Olorum de frente para nós, vigiando e amparando nossa ascensão e a sublimação Dele em nós mesmos.

A descida até o plano mais denso e a ascensão posterior ao plano mais sublime da Criação constitui a grande viagem ou saga dos espíritos.

E esse meio pelo qual retornaremos ao interior do nosso Divino Criador, devemos creditá-lo a Pombagira, que gera de si o fator interiorizador e, quando da sua saída ou exteriorização, irradiou-o na morada exterior ou lado de fora de Olorum e gerou o mistério das dimensões, que começa no extremo do lado de fora e termina no interior Dele.

Ainda que "Pombagira" seja só um nome humano em português, no entanto é um Orixá tão importante e tão indispensável quanto todos os outros.

- Se Exu é o estado do Vazio
- Se Oxalá é o estado do Espaço.
- Se Exu Mirim é o plano das Intenções
- Se Ogum é o estado da Ordem
- Se Xangô é o estado da Razão.

E se assim sucessivamente com cada um dos Orixás, Pombagira é o estado dos Interiores.

Sem sua existência e presença divina ou "Onipresença" na Criação não haveria como retornarmos à nossa origem, localizada "dentro" do nosso Divino Criador Olorum.

Graças ao seu mistério interiorizador, tanto podemos voltar para o nosso Divino Criador, assim como podemos voltar para nós mesmos, aprimorando-nos e às nossas faculdades porque esse nosso "interior" é capaz de abrigar e resguardar em nosso íntimo tudo o que aprendemos e desenvolvemos internamente e que, de grau em grau, ascendente, vai nos sublimando e nos aproximando do nosso Divino Criador Olorum.

Dizem os espíritos mais evoluídos que só alcançamos o interior de Olorum quando o nosso interior está tão sublimado que, através dele, o nosso Divino Criador consegue exteriorizar-se através de nós, divinizando-nos e tornando-nos seus manifestadores-exteriorizadores.

Aí termina a longa jornada evolucionista e constitui-se na saga dos espíritos!

A dimensão interna de cada um de nós tem "por fora" o nosso tamanho. Mas, por dentro, também somos um mistério infinito porque, se nos sublimarmos, somos capazes de abrigar em nosso íntimo o nosso Divino Criador.

Quem mais, senão alguém internamente infinito em si mesmo, como o são os espíritos, seria capaz de abrigar em seu íntimo o Divino Criador Olorum?

E tudo graças ao Orixá que, na falta de um nome, é chamado de Pombagira!

Capítulo VII

O Terceiro Interior Criado por Pombagira

Os dois primeiros interiores criados por Pombagira, tudo certo, porque um se abriu para o interior da Criação e o outro se abriu para o interior das coisas criadas.

Mas o terceiro, esse ninguém atentou para ela lá no início dos tempos, quando só os Orixás haviam sido exteriorizados e não lhe deram importância ou atenção. Mas, com o passar do tempo e com o desaparecimento de umas criações aqui e outras acolá, e sem ninguém sabendo para onde iam parar, todos voltaram seus olhos para Pombagira, indagando-lhe silenciosamente sobre o paradeiro das criações que não saíam a contento.

Como resposta, obtiveram um esclarecimento que os deixou "abismados": o terceiro interior de Pombagira era um mistério assustador porque não era um interior, e sim um abismo que não vai dar em lugar algum.

Se o "Nada" não é muita coisa, "lugar algum" é um problema insolúvel porque significa nenhum lugar.

– Explique-nos esse seu mistério, Pombagira. Pediu-lhe Oxalá, intrigado com tal mistério e com o fato de tudo e todos estarem sujeitos a irem parar em "lugar algum", já que quando ela abriu seu estado dos interiores, abriu esse tal de "abismo", pois ela gera o fator "abismador", mas que, além de deixar todos abismados, também abre sob os pés dos seres abismos que, como agora todos sabem, é uma entrada para dentro da Criação que não leva a lugar nenhum.

– Pois é, Babá! Eu gero o fator abismador, que abre embaixo de tudo o que existe, um abismo, sabe? – explicou ela, dando uma enigmática gargalhada.

– Fale mais sobre esse seu mistério, Pombagira! – insistiu Oxalá.

– Babá, o meu mistério abismador abre abismos que, como já disse, vão dar em lugar algum.

– Isso já sabemos, Pombagira. O que queremos saber é a finalidade desses seus abismos.

– Ah! Isso?

– É isso mesmo, Pombagira!

– Bom, a finalidade deles é recolher tudo e todos que estiverem em desacordo com a Criação.

– Isso é assustador, Pombagira.

– Eu não acho que seja assustador, e sim, abismador!

Exu Mirim, curioso como sempre, mesmo estando agastado com ela, perguntou-lhe:

– E aí, Pombagira, esses seus abismos não têm fundo?

– Como você ousa dirigir-me a palavra, moleque petulante?

– Olha como fala comigo, porque agora não estamos na morada interior do nosso pai e criador Olorum.

– Você insiste em falar comigo, é?

– Tudo bem, tudo bem e tudo bem, Pombagira! Não está mais aqui quem lhe perguntou. Aliás, logo mais nem você estará também!

– O que você quis dizer com esse "nem você estará aqui também", hein?

– Nada, Pombagira!

– Então está bem...

– Nem pense que ser reduzida ao nada está bem, Pombagira! – exclamou Exu, alertando-a sobre o "nada" dito por Exu Mirim – Esse "nem você estará aqui também significa que você será reduzida ao nada, certo?

– Essa não!!! – exclamou ela, assustada.

– Foi o que ele disse, Pombagira.

– Ter sido "avessada", ainda vai. Agora, ser reduzida ao nada, isso é intolerável para mim.

– Entao pense e aja rápido porque logo mais... você não estará aqui também, certo?

– Menino bonitinho, cadê você, meu garoto? – falou ela, rapidinho – Vamos dar uma voltinha por aí enquanto eu lhe revelo os segredos do meu abismo, certo?

– Errado, Pombagira! – exclamou Exu Mirim, reaparecendo do nada – Os segredo do "seu" abismo, esses nem quero saber quais são!

– Então diga aí: o que você quer saber, garotinho lindo?

– Por que você está "amável"?

– O que você acha de retirar o que disse há pouco sobre eu não estar aqui também?

– Só se você ficar me devendo essa, certo?

– Não tem como retirar esse "nadinha" sem que eu fique lhe devendo algo?

– Nem pense em gratuidade! Por aqui, no nada, tudo tem um preço, sabe?

– Já estou sabendo que ninguém sai ileso das suas complicações, certo?

– Foi o que eu disse, Pombagira, negócio fechado?

– Que negócio você quer fechar, Exu Mirim?

– Esse com você, ora!

– Qual dos meus negócios você quer fechar?

– Eu não quero fechar nenhum negócio seu, Pombagira! – Exclamou ele, já meio irritado.

– Então o que você quer fechar?

– O negócio de você ficar me devendo para eu poder retirar o "nadinha" de você estar aqui, certo?

– Agora você foi específico, Exu Mirim. Pensei que você queria fechar um dos meus negócios, sabe?

– Dos seus negócios, cuide você. O que quero saber é se você concorda em ficar me devendo esse "nadinha".

– Negócio fechado, meu pequenino credor.

– Então diga aí: esses seus abismos não têm fundo?

– Os meus abismos não têm fundos. Se tivessem, seriam precipícios, e não abismos!

– O que acontece com quem ou com o que cair dentro de um deles, Pombagira?

– Fica caindo, caindo e caindo! Você quer ver como é que é cair num dos meus abismos?

– Não, não! Prefiro saber através de terceiros, certo?

– Por que não? Essa experiência iria lhe cair bem, sabe?

– Nesse negócio de cair, não vejo bem algum, Pombagira.

– Mas que é uma experiência única, disso não tenha dúvida!

– Não só não tenho dúvida, como desconfio que é a única experiência que terá quem cair num dos seus abismos.

– Bom, aí já é uma questão de ponto de vista, sabe?

– Não sei e não quero saber. Até a vista, Pombagira! – exclamou ele, desaparecendo no nada.

O fato é que os abismos abertos em baixo de tudo o que existe estão a espera de que se negativem e comecem a atrapalhar e criar problemas nos meios onde vivem.

Eles não ficam abertos embaixo de quem vive e evolui em paz, harmonia e equilíbrio. Mas não deixam de existir e estar lá, à espera de um deslize ou de um escorregão.

Diferente dos precipícios, que são depressões bruscas do solo, mas que têm um "fundo", os abismos de Pombagira são aberturas para baixo e para dentro da matéria, ou melhor, para dentro da contraparte espiritual do lado material.

Na verdade, eles abrem-se bem debaixo dos pés dos seres e ainda que não levem a "lugar algum", no entanto estão abertos para o interior do universo material.

São densos, energeticamente falando, não têm um fundo; são íngremes e, nas suas paredes assustadoras, há entradas parecidas com cavernas ou buracos, onde vivem criaturas subterrâneas que, de vez em quando, agarram ou laçam os seres que estão "caindo" dentro deles.

Outras dessas criaturas são aladas e voam dentro deles, atirando-se como aves de rapina sobre os seres que estão caindo, aos quais, após levá-los para dentro dos buracos nas paredes íngremes e tenebrosas, sugam suas energias até deixá-las completamente prostradas e exauridas, impossibilitadas sequer de se mexerem.

Outras criaturas, meio simiescas, meio aracnóides, sobem ou descem pelas paredes desses abismos abertos para o "lado de dentro" da matéria, invadindo os buracos e raptando espíritos neles aprisionados, levando-os para suas locas, onde serão o "repasto" para seu bando ou prole.

A descrição dos círculos infernais por Dante aproxima-se do que existe dentro dos abismos de Pombagira, e quem melhor descreveu seus domínios abismais foram os gregos, com o mito da deusa Perséfone, aprisionada por Hades nos infernos subterrâneos.

Sem dúvida alguma, quem quiser conhecer melhor o mistério dos abismos ou o mistério abismador de Pombagira, estude o mito e as lendas dessa divindade subterrânea, muito cultuada, temida e respeitada na Grécia antiga.

Se Pombagira não recebeu um ou esse nome no panteão nagô, no entanto, ela existe, e quem mais se aproximou dela foi o culto às Yiami, que são cultuadas e assentadas em buracos abertos dentro da terra.

É dentro desses buracos que são depositados seus "instrumentos mágicos" e onde são oferendadas e firmadas para protegerem os templos das investidas dos espíritos trevosos.

As Yiami também são cultuadas, temidas e respeitadas pelos seus conhecedores e cultuadores. Elas são as "senhoras" mais velhas, ranzinzas, vingativas e assustadoras.

Dizem os entendidos nesses assuntos "ocultos e ocultados" que as Yiami são o avesso das exuberantes Pombagiras da Umbanda, e que estas são o avesso delas, ou elas às avessas, certo?

Só que Pombagira abre seus abismos em tudo o que é tipo de matéria, ou seja, abre-os na terra, na água, no fogo, no ar, nos minérios, nos cristais, nos vegetais e em tudo o que existe neste universo material, mas sempre os abre no seu lado espiritual.

A função desses abismos, que se abrem para dentro da matéria, é a de recolher dentro deles todos os seres que atentam contra a vida e contra a paz, a harmonia e o equilíbrio dos meios onde os seres vivem e evoluem. E um dos seus campos de atuação, na verdade o principal, e o relacionado ao sétimo sentido da vida, que responde pela procriação e perpetuação das espécies.

Na sexualidade, ela rege sobre o desejo, sobre os estímulos e sobre a libido feminina. Nessas áreas, ela é senhora e é responsável pela manutenção da paz, da harmonia e do equilíbrio nos elementos femininos.

Sem querermos ser chulos ou desrespeitosos com nossos leitores, também devemos revelar-lhes que, no aparelho reprodutor feminino, Pombagira rege sobre a parte denominada "órgão genital feminino".

Em outras partes do corpo humano, ela rege sobre outros órgãos. Mas nesse, essa regência é dela e isso é fato indiscutível para quem realmente conhece o Mistério Pombagira, uma das divindades-mistério responsável pela procriação e pela multiplicação das espécies.

Capítulo VIII

Outros Mistérios de Pombagira

Além dos mistérios interiorizador e abismador, Pombagira trouxe consigo muitos outros, sendo que alguns serão comentados aqui para que avaliem a sua importância para a Criação Divina.

Aqui, vamos destacar alguns dos seus fatores para podermos avançar em nossos comentários sobre ela.

- Fator estimulador – verbo: estimular
- Fator desejador – verbo: desejar
- Fator excitador– verbo: excitar
- Fator incitador– verbo: incitar
- Fator extasiador–verbo: extasiar
- Fator oscilador– verbo oscilar
- Fator apatizador– verbo: apatizar
- Fator aprazerador– verbo: aprazerar
- Fator desagregador– verbo: desagregar
- Fator sedutor– verbo: seduzir
- Fator sensualizador– verbo: sensualizar
- Fator apaixonador– verbo: apaixonar
- Fator enganador– verbo: enganar
- Fator esmaecedor– verbo: esmaecer
- Fator agoniador – verbo: agoniar

O significado de cada verbo ou fator acima listado, recomendamos que procurem nos dicionários, porque aqui nos limitaremos a alguns mistérios que consideramos indispensáveis para o entendimento desse Orixá na Criação.

Mistérios Estimulador – Apatizador

Pombagira gera e irradia de si o tempo todo o fator estimulador, cuja função é estimular cada coisa criada a realizar sua parte ou seu trabalho no meio onde vive e evolui.

Sabemos que tudo flui na Criação como um todo, com cada "coisa" fazendo sua parte. Mas há casos e momentos em que se faz necessário uma dose adicional de estímulo para que algo a mais aconteça ou seja realizado, porque as condições para que tudo seja feito naturalmente já não existem mais ou são insuficientes.

Tomemos como exemplo um solo que já foi fértil mas que se encontra exaurido e já não produz boas quantidades de alimentos.

No Brasil, há quinhentos anos, quando isso acontecia, toda uma aldeia mudava de lugar e ia estabelecer-se em outra região cujo solo ainda era fértil e produtivo, deixando que o tempo recuperasse a fertilidade do solo da aldeia abandonada, que só voltava a ser ocupada décadas depois.

Naquele tempo, até podia ser aceito esse procedimento. Mas o mais lógico seria estudar meios de devolver ao solo exaurido sua fertilidade.

Isso já era feito em outras culturas mais avançadas, recurso esse que se generalizou e, graças a ele, hoje é possível alimentar 6 bilhões de habitantes nesse nosso limitado planeta.

Os fertilizantes misturados à terra repõem sua fertilidade natural e atuam como estimuladores de grandes produções agrícolas.

Nesse caso, como em muitos outros, os estimuladores são úteis e indispensáveis à manutenção das espécies. Assim como no caso do solo esgotado em sua capacidade de produzir alimentos e que precisa ser adubado para voltar a ser fértil, tudo mais também precisa receber um auxílio quando já não consegue produzir aquilo que é capaz.

O fator estimulador tem a capacidade de desencadear no interior das pessoas uma reação produtiva, devolvendo-lhes o ânimo e a confiança nas suas possibilidades, uma vez que ele atrai vários outros fatores que darão sustentação mental e energética a quem está precisando dele.

Como todos temos uma ligação natural com o Mistério Pombagira e com um Espírito Encantado, manifestador dos seus mistérios, poderes e funções na Criação, se estivermos em desequilíbrio ou desalinhados com o seu mistério, não recebemos o fluxo de fatores estimuladores e, pouco a pouco, vamos nos "desgostando" das coisas e as deixamos de lado, chegando a um ponto que nos tornamos apáticos e desinteressados.

É preciso que a pessoa se reequilibre e se realinhe com sua "Pombagira pessoal" para que volte a receber os estímulos mais adequados à sua vida.

A ação oculta da Pombagira de cada um não é percebida pelas pessoas e transcende a ideia de religiosidade, associando-a mais à vida como um todo e em todos os seus sentidos.

O único conhecimento que tínhamos à nossa disposição até agora sobre Pombagira limitava-se ao trabalho desenvolvido dentro dos centros de Umbanda e ao arquétipo criado para essa linha de trabalhos espirituais, centrados nas necessidades do dia-a-dia da vida terrena das pessoas que as procuram.

Mas agora com a abertura do conhecimento sobre o Mistério Pombagira e sua importância para o equilíbrio da

Criação, vemos que ter uma Pombagira ligada a nós é algo muito positivo porque ela tanto pode regular o nosso íntimo ou interior quanto pode nos enviar o estímulo adequado para que não nos tornemos apáticos e desinteressados pelas coisas da vida.

Antes de prosseguirmos com os comentários sobre os fatores gerados pelo Orixá Pombagira, vamos abrir um capítulo para comentarmos essa e outras ligações que temos com esse mistério da Criação.

Capítulo IX

Nossa Ligação Natural com Pombagira

Todos nós, seres humanos criados por Deus, estamos ligados por fios, cordões ou eixos, invisíveis aos nossos olhos, aos Seus mistérios divinos aqui nomeados como "matrizes geradoras".

Hoje, sabemos que somos gerados por Olorum dentro das Suas matrizes geradoras, sendo que uns são gerados dentro da matriz geradora de Oxalá e são classificados em suas ancestralidades como "filhos de Oxalá".

• Outros foram gerados na matriz geradora de Ogum e são classificados como "filhos de Ogum".

• Outros foram gerados na matriz geradora de Oxóssi e são classificados como "filhos de Oxóssi".

• Outros foram gerados na matriz geradora de Xangô e são classificados como "filhos de Xangô".

• Outros foram gerados na matriz geradora de Oxumaré e são classificados como "filhos de Oxumaré".

• Outros foram gerados na matriz geradora de Omolu e são classificados como "filhos de Omolu".

• Outros foram gerados na matriz geradora de Obaluaiê e são classificados como "filhos de Obaluaiê".

• Outros foram gerados na matriz geradora de Exu e são classificados como "filhos encantados de Exu".

• Outros foram gerados na matriz geradora de Exu Mirim e são classificados como "filhos encantados de Exu Mirim".

Isso para os seres masculinos ligados a esses Orixás masculinos cultuados na Umbanda.

Mas também existem as matrizes geradoras dos Orixás femininos cultuados ou não na Umbanda, que são estas:

• Seres espirituais femininos gerados por Olorum na Sua matriz geradora de Iemanjá, e que, por tê-la em suas ancestralidades são classificadas como "filhas de Iemanjá".

• Seres espirituais femininos gerados na matriz geradora de Nanã Buruquê, que são classificados como "filhas de Nanã".

• Seres espirituais femininos gerados na matriz geradora de Iansã, que são classificados como "filhas de Iansã".

• Seres espirituais femininos gerados na matriz geradora de Oxum, que são classificados como "filhas de Oxum".

• Seres espirituais femininos gerados na matriz geradora de Obá, que são classificados como "filhas de Obá".

• Seres espirituais femininos gerados na matriz geradora de Egunitá, que são classificados como "filhas de Egunitá".

• Seres espirituais femininos gerados na matriz geradora de Oyá-Logunan, que são classificados como "filhas de Oyá-Logunan".

• Seres encantados femininos gerados na matriz geradora de Pombagira, que são classificados como "filhas encantadas de Pombagira".

"Os seres encantados filhos de Exu, de Exu Mirim e de Pombagira não são encarnantes e, por isso, não os encontramos na ancestralidade dos médiuns umbandistas".

Pois bem!

Os seres espirituais têm uma ancestralidade predominante que os classificam como filhos desse ou daquele Orixá, mas, por mecanismos divinos ainda desconhecidos por nós, somos ligados mentalmente a esses 17 Orixás parcialmente conhecidos na Umbanda e a todos os outros, totalmente desconhecidos.

Na verdade, os espíritos superiores nos ensinam que somos ligados mentalmente a todas as divindades-mistérios, sejam as já conhecidas ou as que sequer imaginamos que existam. E isso se deve ao fato de que, quando um espírito está sendo gerado dentro de uma matriz geradora, ao seu mental são ligados cordões divinos e vivos provenientes de todas as outras matrizes geradoras.

Com isso, estamos ligados a todas as matrizes geradoras e passamos a receber de cada uma um fluxo energético fatoral contínuo ou não. Tudo dependendo das nossas necessidades evolucionistas.

E, porque estamos ligados mentalmente a todas as matrizes geradoras, também estamos ligados à de Pombagira, da qual ela é a guardiã dos seus mistérios divinos.

Essa nossa ligação com a matriz geradora de interiores, com lendas à parte, é que nos facultou termos um "interior" só nosso, dentro do qual guardamos nossos sentimentos, nossos pensamentos, nossas ideias, nossas lembranças, nosso aprendizado, nossas intenções, etc.

Além dessa nossa ligação mental com a matriz geradora de interiores, estamos ligados ao seu mistério energético gerador de energias fatoradoras, do qual recebemos fluxos, ora de um fator, ora de outro.

Esses fluxos são alternativos e recebemos os que precisamos, pois, quando nossa capacidade de recebê-los ou nossas necessidades estão completas, os fluxos são interrompidos, só voltando a fluir quando se fazem necessários.

Assim entendido, saibam que eles são fluxos divinos. E são enviados automaticamente para nós sempre que se fazem necessários, isto se estivermos em equilíbrio mental e consciencial e se estivermos alinhados com seus eixos ou fios condutores dos fluxos fatorais.

Mas, se pelas mais diversas razões entrarmos em desequilíbrio mental e consciencial e nos desalinharmos em relação à matriz geradora de interiores, deixamos de receber os fluxos fatorais alimentadores das faculdades mentais relacionadas aos sentidos da vida desequilibrados em nosso íntimo ou em nosso interior.

É nesses momentos que um ser espiritual "encantado" Pombagira ligado à nós pela nossa esquerda é acionado e entra em ação para devolver ao nosso interior o equilíbrio.

Essa ativação de uma Pombagira encantada é automática porque nosso desequilíbrio reflete nela, ressonando em seu íntimo e fazendo com que ela volte a sua atenção para nós.

Após identificar o tipo de desequilíbrio surgido em nosso interior, a Pombagira encantada ligada a nós entra em ação enviando-nos irradiações energéticas que visam devolver o equilíbrio ao nosso interior ou íntimo.

Quando consegue isso naturalmente e o equilíbrio interno é conseguido, ela cessa sua atuação porque o fluxo divino volta a fluir e alimentar nossas faculdades mentais antes desequilibradas.

Mas, se sua ação através da projeção de irradiações energéticas não é suficiente, então essa "nossa" Pombagira encantada aciona sua hierarquia espiritual, também assentada à nossa esquerda e entram em ação espíritos femininos regidos pelo Mistério Pombagira.

Esses espíritos "Pombagira" atuam sobre nós com seus recursos desenvolvidos durante seus "encantamentos" pelos mistérios da divindade que as acolheram em seus interiores quando elas sucumbiram e foram tragadas pelo mistério dos abismos.

Suas ações são "internas" e só afetam as pessoas com profundos desequilíbrios internos, sejam eles conscienciais ou emocionais, e elas criam ou induzem as pessoas a situações que fazem com que o desequilíbrio interno de cada um aflore e seja exteriorizado para, posteriormente, ser tratado.

Esse trabalho oculto mas realizado por todas as pessoas com desequilíbrios internos tem levado muitos a desenvolverem a aversão e o ódio às Pombagiras que se manifestam através da incorporação em médiuns umbandistas porque se sentem injustiçados quando ficam sabendo que estão sendo atuados por alguma Pombagira.

O desconhecimento sobre esse mistério e sobre a existência de um "interior" em cada pessoa, interior esse que é pessoal e inacessível pelos recursos tradicionais e externos, assim como sobre a existência de uma ligação mental de cada pessoa com uma Pombagira encantada, e que é a guardiã do "interior" de cada um, faz com que os seguidores de outras religiões atribuam à Umbanda ou aos médiuns umbandistas a culpa por estarem sendo atuados ostensivamente por espíritos Pombagiras.

Infelizmente a associação é automática, uma vez que esse mistério e suas manifestadoras "abriram-se" dentro da Umbanda, ocupando uma linha de trabalhos da "esquerda".

Como todo médium umbandista tem uma Pombagira que tanto incorpora como se identifica e realiza trabalhos espirituais e magísticos, então recai sobre a Umbanda a culpa sobre todas as atuações das Pombagiras sobre as pessoas com desequilíbrios internos e sobre as que estão sendo punidas pela Lei, porque foram responsáveis pelo desequilíbrio interno de suas vítimas.

Esse é um conhecimento que precisa ser aberto e comentado com sabedoria para que, aí sim, pessoas atuadas deixem de atribuir à Umbanda e aos seus médiuns a culpa por seus desequilíbrios ou por suas faltas perante a Lei Maior e, esclarecidos, assumam suas responsabilidades pelo mal que vêm fazendo para si ou para terceiros.

Comentemos essa ação!

Capítulo X

A Presença de Pombagira na Vida das Pessoas

Por presença, entendam sua atuação quando se faz necessário, pois além dos médiuns de incorporação quando descobrem que possuem uma Pombagira, ninguém mais sabe que, independentemente da sua raça ou da religião que siga, todos possuem uma ligação com o Mistério Pombagira e que está ligado a um ser feminino encantado assentado na sétima dimensão à sua esquerda, regida pela divindade que, na falta de um nome, recebeu o de "Pombagira" e assim se tornou conhecida. E, porque ela atua a partir da "esquerda", muitos a classificaram como Exu feminino.

– Nada a ver com Exu! – dizem elas – Exu guarda as coisas por fora e Pombagira guarda-as por dentro, certo?

Certíssimo, confirmamos nós, que já sabemos algo sobre esse mistério da Criação que rege e guarda os interiores.

Na verdade, Exu e Pombagira formam uma linha bipolar na qual ele rege e guarda o "lado de fora" da Criação e ela rege e guarda o interior ou o "lado de dentro" das coisas criadas.

O fato é este: durante nossa geração por Deus em sua matriz geradora de seres espirituais, fomos ligados a todas as outras matrizes geradoras, todas desconhecidas por nós, inclusive a matriz geradora de interiores para que ela gerasse em nós um interior só nosso e pessoal, ou seja, um interior para cada ser gerado.

Para cada "leva" ou "onda viva" formada por milhares de seres espirituais, a matriz geradora do interior de cada um deles gera uma Pombagira encantada, que é um ser feminino de natureza divina, gerada plena e que é a responsável e guardiã do "interior" de todos os membros de "leva ou onda viva" espiritual ligada a ela.

Essa Pombagira encantada divina acompanha a "descida" dos seres espirituais através das realidades, que partem do interior das matrizes geradoras e chegam até o lado material em sua contraparte espiritual ou etérica.

À medida que os seres espirituais vão avançando pelos planos da vida, desde o mais sutil até o mais denso, ela vai avançando também, até que todos chegam ao extremo mais denso das suas realidades, localizando nos reinos elementares dentro do nosso planeta, onde estagiam por muito tempo antes de iniciarem o retorno ao interior de Deus ou a "subida aos céus".

A descida é denominada exteriorização do ser ou "evolução para fora".

A subida é denominada internalização ou "evolução para dentro".

A função dessas Pombagiras encantadas guardiãs de levas de seres espirituais é acompanhar a evolução dos seres espirituais, ora expandindo, ora contraindo o interior de cada um dos seres sob suas guardas e amparo interior.

Portanto, independente de quem seja a pessoa ou que religião siga, ela está ligada a uma dessas senhoras Pombagiras encantadas guardiãs de levas de espíritos.

Se só agora isto está sendo revelado com a abertura de um conhecimento fundamentador do Mistério Pombagira na Umbanda, no entanto sempre foi assim, e em antigas religiões naturistas aconteceram a revelação de "divindades" com funções análogas à que acabamos de comentar e que recebeu esse nome na Umbanda.

Como a função da Pombagira encantada guardiã do interior de um ser espiritual é graduar seu interior, então tudo o que vibrar dentro dele ressonará e refletirá nela, que tem ciência de tudo o que está vibrando no íntimo dos seres espirituais sob sua guarda.

Portanto, não importa a raça ou a religião de um espírito, desencarnado ou não, porque todos estão sujeitados às mesmas leis da Criação e princípios da Vida.

Se em equilíbrio íntimo, não percebem a atuação delas. E, se em desequilíbrio, até podem não identificar, mas que são atuados, isso são.

Só que essa atuação difere das que são desencadeadas através de magias negativas, pois estas são diferentes e facilmente detectáveis porque atuam de fora para dentro, assim como são facilmente anuladas, também através de contra-magias.

Agora, as atuações internas ou de "dentro para fora" do ser, aí só cessam quando os sentimentos negativos que as desencadearam forem transmutados ou anulados.

A transmutação, se for positiva, fará cessar totalmente a atuação interna. Mas, se ela for negativa, a atuação continuará, mas já em outro campo ou sentido, certo?

Por isso, é comum pessoas que não seguem a religião umbandista, mas, ao irem consultar-se só por curiosidade, ouvirem que sua Pombagira quer uma oferenda para poder ajudá-las em determinados problemas.

Essas oferendas servem para muitas coisas, tais como: livrar as pessoas de obsessões e perseguições de espíritos malignos, para cortar vampirismos energéticos, para descarregar os campos vibratórios e o espírito das pessoas, muitas vezes sobrecarregados justamente por causa dos seus desequilíbrios internos e da não-realização dos seus desejos íntimos.

Esses desejos íntimos não realizados são algumas das principais causas de desequilíbrios internos.

Os desejos vão desde o sétimo até o primeiro sentido, e engana-se quem limita a palavra desejo só as coisas relacionadas ao sexo ou ao amor.

Sua ação é abrangente e vai desde o desejo por um bom casamento com quem ama até a satisfação íntima com sua religiosidade, ainda que poucos atribuam ao "fator desejo" a busca religiosa incessante da humanidade, só com uma parcela satisfeita e com a maioria mudando de uma para outra na tentativa de realizar o seu desejo de sentir-se satisfeito religiosamente.

Uma das falhas mais lamentável foi deixar o Mistério Pombagira assumir uma identificação só com o "desejo" relacionado aos envolvimentos e relacionamentos amorosos, limitando a ação das Pombagiras da Umbanda a coisas relacionadas ao sexo.

Com isso consumado no decorrer de um século, hoje fica difícil desfazer essa falha e reconstruir o seu arquétipo já fixado no imaginário coletivo como o da "mulher da vida", pronta para resolver problemas de desequilíbrios e desarmonias nesse campo minado dos relacionamentos humanos.

O Mistério Pombagira transcende a sexualidade e atua em todos os níveis dos relacionamentos onde exista insatisfação e a não-realização dos desejos, fatos esses que sobrecarregam o íntimo ou interior dos seres com vibrações negativas que afetam de forma sutil o comportamento de cada um.

Toda insatisfação (mágoas, ressentimentos, invejas, frustrações, decepções, ódios, etc.), antes de ser exteriorizada, ficou retida no íntimo do ser, amargando-o e desencadeando sentimentos negativos os mais variados, que tanto ressonam na Pombagira encantada ligada a ele quanto no mistério maior dos interiores, sempre desencadeando uma reatividade em algum sentido ou campo da vida do ser.

Comentemos essa reatividade natural do Mistério Pombagira às "insatisfações".

Capítulo XI

A Reatividade do Mistério Pombagira

O Orixá Pombagira tem um vasto campo de atuação na Criação regulando os "interiores", tanto os de fácil identificação quanto os abstratos e sequer imaginados por nossa mente, centrada no mundo material e no ser humano.

Sua ação divina transcende nossa capacidade de compreensão das coisas e, porque ela rege sobre os interiores ou íntimo das coisas criadas e porque tudo o que acontece à volta dos seres ressona em seu íntimo, então tudo ressona no Mistério Pombagira.

Para facilitar nossos comentários, aqui interior e íntimo são sinônimos e alternaremos o uso desses dois termos.

Pois bem!

Como tudo o que acontece no lado de fora ou à volta dos seres ressona no íntimo deles, e este está ligado ao mistério interiorizador regido por Pombagira, então tudo ressona na sua tela vibratória mental divina e a identificação do que ressonou é imediata, assim como a reatividade é automática e acontece por meio do envio de fluxos de vibrações fatoriais que inundam o íntimo do ser, fortalecendo-o e estimulando-o ou enfraquecendo-o e desestimulando-o.

Vamos recorrer a um exemplo corriqueiro para que entendam essa reatividade por meio de vibrações fatoriais:

Há uma fábula ou historieta que relata o caso da raposa e as uvas em que, após tentar apanhá-las e não conseguir, a raposa deixou de lado seu desejo por elas alegando que não tinha importância não tê-las colhido, pois estavam verdes mesmo!

Essa reação é típica e acontece sempre que alguém tenta desesperadamente conseguir algo e não obtém sucesso.

A reação ao fracasso é desvalorizar ou desmerecer o objeto dos desejos não realizados.

O exemplo que demos é de uma fábula e não traz maiores consequências. Mas, e nos relacionamentos humanos, em que as reatividades negativas desencadeiam ações também negativas que afastam pessoas e geram verdadeiros carmas que se arrastam no tempo?

1º– Os casos são demais conhecidos e vão desde o rompimento de uma atividade de muitos anos e que os envolvidos se gostavam e um não via defeito no outro(a), mas, assim que acontece o rompimento violento, um começa a ver e a apontar no outro todos os defeitos possíveis, chegando a um ponto que chegam a se agredir fisicamente e até provocar a morte do outro.

2º– Não raro, casais que viveram muitos anos sob o mesmo teto, amaram-se e tiveram filhos, quando se separam, um dos pares ou ambos começa a odiar-se e a atribuir ao outro toda a culpa pelo fracasso e rompimento do relacionamento.

3º– Pares de namorados, em que um ama o outro mas não é correspondido, quando rompem, o que não amava segue adiante com sua vida. Mas o que amava (e ainda ama) sofre muito, chegando ao extremo de atentar contra a vida do outro.

A lista de exemplos é extensa, e só citamos alguns casos e a reatividade que acontece após o fracasso ou o rompimento dos relacionamentos humanos, que vão desde o amor até a religião; desde o trabalho profissional até a política; desde as diferenças econômicas até as raciais, sempre com desfechos violentos e com o prolongamento da inimizade e da beligerância entre as partes envolvidas.

Como tudo ressona no íntimo dos seres, e desses refletem no Mistério Pombagira, incomodando-o, a reatividade é automática e acontece através do envio de fluxos de vibrações transportadoras de fatores que desencadeiam de dentro para fora do ser uma reação em sentido contrário ao que está sendo ou já foi internalizada e está vibrando negativamente no íntimo deles.

Os fatores enviados ao íntimo dos seres negativados têm funções contrárias ao que foi ou está sendo internalizado por eles e visa anular seus sentimentos negativos, desestimulando-os, apatizando-os, diluindo-os, neutralizando-os, etc.

Essa reatividade natural do Mistério Pombagira é positiva porque procura anular os seus sentimentos negativos e devolver-lhe seu equilíbrio interior.

Com muitos seres, se não os anula por completo, no entanto impede-os de deixarem que o instintivismo puro aflore e induza-o a extravasar de forma violenta seu ódio, sua ira, seu remorso, etc.

Mas com alguns, o negativismo íntimo é tão intenso que cometem atos contrários à vida e aí já não tem como reparar o que destruiu, pois não há como ressuscitar quem foi morto ou refazer o que foi destruído.

A reatividade natural proveniente da divindade veio "por dentro" e visava ajudar o ser a superar suas dificuldades momentâneas. E, se nem todos vencem seus negativismos e alguns acabam cometendo atos contrários à vida, no entanto a maioria esbraveja, pragueja, esperneia mas não chega a concretizar seus desejos mais primitivos ou instintivos, que são os de destruir tudo que os desagrada ou contraria.

Essa reatividade do Mistério Pombagira e que acontece "por dentro" dos seres é importantíssima para a manutenção do equilíbrio nos relacionamentos, sendo que Pombagira é o único Orixá capaz de atuar a partir do íntimo dos seres ou de dentro para fora deles, e acontece automaticamente quando os sentimentos que estão vibrando no íntimo de alguém ultrapassam sua capacidade de mantê-los sob o controle da razão.

Engana-se quem pensa ou acredita que o Mistério Pombagira atua só nos relacionamentos amorosos ou nos relacionamentos no sétimo sentido da vida.

Mesmo um sentimento, que é algo abstrato, ocupa um espaço no íntimo de quem o vibrar, porque é uma vibração e é constituído por ondas vibratórias emitidas pela mente do ser.

As vibrações da divindade dissolvem as vibrações do ser descarregando seu íntimo ou interior que, se não for descarregado dessa forma, sobrecarrega-se de tal forma que obsedia a pessoa, dominando-a com vibrações perturbadoras do seu racional e estimuladoras do seu instintivismo primitivo. E este a leva a cometer os atos mais bárbaros possíveis, com o único intento de vingar-se ou de acertar suas contas com alguém que a ofendeu ou a desagradou ou a humilhou.

Algumas pessoas não conseguem sobrepujar e dominar seus sentimentos negativos, e daí em diante começam a arquitetar suas vinganças e acertos de contas de formas violenta e condenável e, a partir daí, são acionadas as Pombagiras guardiãs dos mistérios divinos, que acionam suas hierarquias, que enviam membros qualificados para atuarem de fora para dentro, causando choques intensos na vida dos seres dominados por pensamentos negativos obsessivos, visando a desviá-los dos seus intentos nefastos e destrutivos.

Nesses casos, se uma pessoa atuada dessa forma for a um Centro de Umbanda se consultar, será detectada a atuação de uma Pombagira contra ela e será vista como relacionada à pessoa vítima do seu ódio obsessivo.

Só que este "estar relacionada" ao inimigo de quem foi se consultar não significa que tenha sido ativada por ele e sim que foi ativada por mecanismos da Lei Maior refreadores de intenções e sentimentos negativos fora de controle.

Também existem os casos em que as pessoas vítimas de más intenções e sentimentos negativos são defendidas por sua Pombagira guardiã, pois uma pessoa cujo interior está dominado e sobrecarregado pelas vibrações dos seus sentimentos negativos, o interior dela liga-se aos abismos, sob seus pés, e começam a projetar contra sua vítima terríveis cargas energéticas e espirituais retidas dentro dos abismos.

O interior da pessoa negativada liga-se ao abismo sob seus pés e a torna "um portal do embaixo", sendo que o projetador dessas cargas terríveis contra seu inimigo são seus sentimentos negativos vibrados contra ele.

A pessoa vítima de alguém negativado intimamente vive recebendo essas projeções a partir de quem a odeia e deseja destruí-la, e isso também gera uma reatividade das suas forças, que reagem para protegê-la, senão alguma desgraça acaba acontecendo.

Agora, quem está dominado pelo ódio ou mágoa ou frustração ou inveja contra alguém, admite que parte da culpa lhe cabe?

Quem tem a imparcialidade para ver no outro uma vítima do seu negativismo, se seu principal desejo é destruí-la ou vê-la destruída?

Imparcialidade e racionalismo, isso é o que inexiste em quem está negativado intimamente, pois se julga vítima e não o algoz do seu semelhante.

Infelizmente o perdão, a tolerância, a resignação e outras virtudes são deixados de lado ou anulados pelo negativismo instalado no íntimo do ser negativado e só algum choque de retorno violentíssimo alterará seu interior.

Esses choques costumam acontecer sim, porque são os últimos recursos capazes de desviá-la dos seus intentos negativos em relação às suas vítimas.

Portanto, a reatividade do Mistério Pombagira existe e é automática, processando-se primeiro através do íntimo ou interior das pessoas, mas, se essa ação "por dentro" não for suficiente, então sim começa a ação de fora para dentro, sempre visando a recondução da pessoa atuada à linha reta de sua evolução.

Essas ações reativas não visam destruir nada na vida da pessoa, e sim, procura reequilibrá-la e conscientizá-la sobre seu próprio íntimo negativado. E, quando o propósito é conseguido, cessa a atuação do Mistério Pombagira.

No próximo capítulo, vamos comentar alguns dos fatores gerados e irradiados pelo Mistério Pombagira!

Capítulo XII

Fatores do Mistério Pombagira

As funções dos fatores gerados por uma divindade-mistério da Criação, tal como Pombagira, são aquelas que os seus nomes indicam, e tanto são as funções exercidas por ela na Criação como são seus campos de atuação na vida dos seres.

Aqui, só citamos alguns dos fatores gerados e irradiados por esse Orixá feminino que não recebeu um nome yorubá, mas que é tão importante e tão indispensável para a Criação e para os seres quanto todos os outros Orixás cujos nomes são conhecidos na Umbanda e são cultuados religiosamente.

São os fatores que determinam as propriedades das vibrações divinas irradiadas continuamente ou alternadamente para toda a Criação por uma divindade-mistério do nosso Divino Criador Olorum.

Mas eles também indicam seus campos de ação e de atuações nos seres.

Portanto, conhecendo os fatores de um Orixá sabemos quando e onde ele atua em nosso benefício. E isso se aplica ao Orixá Pombagira, cujos fatores são indispensáveis à paz, à harmonia e ao equilíbrio da Criação, ainda que disso só alguns saibam e aceitem-na como uma divindade tão indispensável quanto todos os outros Orixás. É claro que não sabemos quais são todos os fatores gerados e irradiados pelo Orixá Pombagira. Mas, dos muitos que já conhecemos, só comentamos alguns para que tenham uma noção real da importância e da indispensabilidade dessa Mãe Orixá da "esquerda" da Umbanda, começando com o fator estimulador!

Fator Estimulador

Esse fator original tem a função de estimular todos os seres no sentido mais amplo possível que se possa dar a esse verbo.

Ele também tem a função de enviar vibrações estimuladoras para as espécies instintivas, estimulando todas a partir do íntimo de cada um.

Até os mistérios são estimulados por suas vibrações, que os estimulam a realizarem-se como tal na Criação e na vida dos seres regidos ou amparados por eles.

Os seres espirituais recebem em seus mentais fluxos alternados de vibrações estimuladoras, ora estimulando-os através de um sentido, ora estimulando-os através de outro.

Como cada sentido comanda vários aspectos da vida de um ser e como os fluxos são alternados, então há um equilíbrio íntimo porque ele é estimulado em várias direções no decorrer da sua vida e aquela que lhe traz satisfação e o deixa feliz passa a receber contínuo fluxo estimulador para que prossiga nela e se realize como ser.

A função do fator estimulador é enviar a tudo o que existe na Criação e todos o recebem através das vibrações mentais geradas e irradiadas pelo Orixá Pombagira.

Sem o recebimento das vibrações estimuladoras geradas e irradiadas o tempo todo pelo Mistério Pombagira nós deixaríamos de ser como somos e nos tornaríamos desinteressados por tudo e todos e nos isolaríamos em nós mesmos, fato esse que levaria à extinção da nossa espécie.

Recomendamos ao amigo leitor que observe a importância desse fator na vida dos seres e em si mesmo porque só assim verá como é importante a existência do Mistério Pombagira, o único que gera o fator estimulador e o irradia através das suas vibrações mentais para toda a Criação e para tudo e todos.

Fator Desejador

O termo desejador é um neologismo criado por nós para nomearmos um fator que desperta o desejo em quem o recebe através das ondas vibratórias que o transportam desde o mental divino de sua geradora e o distribuem por todos os planos da vida, irradiando-o continuamente.

Existe a palavra desejo, que tem uma conotação libidinosa, e existe o verbo desejar, que tem significado amplo e abrange todo tipo de desejo, seja o de comer determinada comida, o de comprar determinado modelo de casa, o de vestir determinada roupa, o de trabalhar em determinada área, o de fazer determinada viagem, passeio ou visita; o de namorar, casar-se e o de ter filhos, etc.

Se limitarmos o fator desejador unicamente ao desejo sexual, estaremos limitando a ação e os campos de atuação do Mistério Pombagira a um dos aspectos da vida dos seres, deixando de lado a importância desse fator gerado e irradiado por ela para toda a Criação e em todos os sentidos.

Fator Incitador

O fator incitador gerado e irradiado pelo Mistério Pombagira tem a função de incitar os seres a lutar pelo que precisam e está ligado ao instinto de sobrevivência, sendo que muitas vezes, ou os seres são incitados a tomarem certas atitudes ou são aniquilados.

Fator Excitador

O fator excitador está ligado ao emocional e tem como função desencadear no íntimo dos seres uma intensa excitação, direcionando todo o seu potencial em determinada direção e com um objetivo específico, e se a ação lhe for agradável, prazerosa e satisfatória, desejará repeti-la sempre que lhe for possível.

Fator Extasiador

O fator extasiador está ligado ao emocional e tem por função levar os seres ao êxtase, sendo que são tantas as coisas que extasiam um ser, que não devemos limitá-lo a alguns aspectos ou sentidos porque ficamos extasiados diante de determinada flor, determinada pedra preciosa, em determinada leitura, em determinado culto religioso, etc.

Fator Oscilador

Esse fator tem a função de dar a determinadas "coisas" o poder de oscilarem sem saírem dos seus eixos de equilíbrios; sem se quebrarem; sem se desequilibrarem.

As "coisas" e os seres, sem alterarem suas "personalidades" e o modo de ser, ora oscilam para um lado, ora para o outro, tal como um pêndulo.

Fator Apatizador

O fator apatizador é importantíssimo porque sua função é tornar apático ou apatizar tudo o que foi estimulado, incitado, excitado, induzido, etc., em determinado sentido, para fazer certa coisa, e perdeu o controle sobre a ação que deveria ter um tempo e um lugar determinado para ser feito e torna-se prisioneiro dela, tornando-a um vício ou um desvirtuamento dos seus propósitos.

Esse fator tem a função de tornar apático o ser vítima desses vícios ou desvirtuamentos incontroláveis, e sua ação pode ser de curta ou longa duração.

Fator Aprazerador

Esse fator tem a função de proporcionar as sensações de prazer e de induzir os seres e as espécies instintivas a repetirem as ações que lhes proporcionam prazer.

O prazer pode ser obtido de muitas formas, e limitá-lo aos relacionamentos íntimos é um erro porque são muitas as coisas que nos "aprazem".

Fator Desagregador

O fator desagregador tem uma das mais importantes funções na Criação e só ele já justificaria a divindade do Orixá Pombagira, porque sua função original é a de desagregar tudo o que foi juntado, unido, ligado, fundido, misturado, amalgamado, etc., mas que se desequilibrou em determinado ponto ou momento e tornou-se um incômodo, um tormento, um veneno ou pomo de discórdias, etc.

• No macrocosmo, desagregam-se estrelas, planetas, satélites, etc.

- No microcosmo, desagregam-se células, moléculas, átomos, substâncias, matérias, microorganismos, partículas, etc.
- Nos relacionamentos, desagregam-se sociedades, amizades, crenças, convicções, uniões, sociedades comerciais, clubes, namoros, casamentos, famílias, etc.

São tantas as "coisas" que se desviaram das suas funções e objetivos iniciais que, ou são desagregadas ou causam tantos malefícios e desequilíbrios que fogem do controle, e aí, só com a ação exterminadora da Lei elas deixam de afetar os meios e a vida dos seres que neles vivem e evoluem.

Vários são os recursos do mistério desagregador regido e irradiado pelo Orixá Pombagira.

Sua relação ou associação com Oxum tem a ver com a complementaridade existente entre elas, que formam uma irradiação bipolarizada, sendo que Oxum, por gerar e irradiar o fator agregador, irradia-o para toda a Criação e vai agregando tudo o que é indispensável à paz, à harmonia e ao equilíbrio dos meios e à plenitude na vida dos seres.

Já Pombagira, gera e irradia o fator oposto ao agregador de Oxum e vai desagregando tudo o que se desvirtuou ou se tornou tormentoso, insustentável e insuportável aos meios e aos seres.

Sua ação desagregadora estende-se a tudo e aplica-se a todos que estiverem desequilibrados e desvirtuados.

Fator Sedutor

A ação desse fator, cujo nome deriva do verbo seduzir, é parecida com a do fator fascinador, também gerado e irradiado por Pombagira. Mas não é igual porque alguém pode fascinar-se por muitas coisas, enquanto que ser seduzido é bem diferente, pois toda ação sedutora precisa de um agente sedutor ativo.

Fator Sensualizador

O fator sensualizador tem por função dotar certas ações de um sensualismo inerente a cada espécie, tornando os seus membros masculinos e femininos mais "atraentes" durante determinadas ações destinadas à perpetuação das espécies.

Por gerar e irradiar esse fator capaz de despertar o interesse entre os opostos, Pombagira tem sido confundida com as "rameiras" ou "mulheres da vida", se bem que foi graças ao fator sensualizador que muitos espíritos acabaram por encarnar e ter suas oportunidades de evoluírem.

Fator Apaixonador

O fator apaixonador tem a função de estabelecer ligações tão fortes que quebram todas as convenções legais e sociais, e une seres diferentes entre si mas de uma mesma espécie.

Quando só o amor não é suficiente por causa dos condicionamentos e das barreiras legais e sociais, o fator apaixonador, que o acompanha de perto e à esquerda, entra em ação e, aí sim, os envolvidos pelo amor acabam por contrariar todas as convenções e tomarem as iniciativas necessárias para permanecerem juntos daí em diante.

Diferente do fator apaixonador é o fator obsessor, pois este, como o próprio nome diz, torna suas vítimas obsessoras. Mas este não é gerado pelo Mistério Pombagira.

Fator Enganador

O fator enganador pertence ao grupo de fatores punidores gerados pelo Mistério Pombagira, e visa induzir ao engano os seres possuídos pelo desejo de se apossarem de algo que não lhes pertence, levando-os a erros fatais (fator fatalizador, também de Pombagira) que os reconduzem aos seus lugares na Criação e os levam a repensarem seus modos de agir.

Muitos confundem o fator enganador ao ludibirador. Mas este não é gerado pelo Mistério Pombagira.

Enganar-se é uma ação interna dos seres. Já ludibriar, aí é necessário um agente externo que realize a ação ludibriadora.

Por não se aterem ao significado literal de certas palavras é que muitos associam essas duas e colocam-nas como sinônimos.

Mas, enganar-se é uma opção interna e ser ludibriado é uma ação externa.

Podemos nos enganar com muitas coisas, tais como:

• A escolha de um caminho;

• A opção por uma amizade, um relacionamento íntimo ou mesmo uma sociedade comercial com alguém que, posteriormente, mostra-se aquém das nossas expectativas.

• Enganamo-nos quando confundimos qualidade com beleza, sensualidade com ternura, competência com bajulação, etc.

Mas esses enganos partem de nós e atuam como punições à nossa ingenuidade ou ignorância.

Já o fator ludibriador que não é gerado por Pombagira, ele sempre age a partir de terceiros, com más intenções, e são casos pensados, muito bem pensados!

Fator Esmaecedor

Esse fator tem a função de esmaecer, que é tirar o ímpeto de certas ações ou sentimentos íntimos que, ou são esmaecidos ou tornam-se prejudiciais e obsessivos.

Fator Agoniador

Esse fator tem por função agoniar os que desequilibraram, porque, aos olhos da Lei, é melhor um ser viver agoniado do que se revoltar ou desesperar-se e cometer atos irreparáveis.

Além desses fatores, o Orixá Pombagira gera muitos outros e os irradia para toda a Criação e para todos os seres, sejam eles racionais ou instintivos.

Mas as suas irradiações são vivas e divinas e, por serem alternadas, só são absorvidos os fatores necessitados pelos seres, ainda que o façam de forma inconsciente.

– O ato de insinuar-se ou insinuar algo contra alguém tem a ver com o "fator insinuador" gerado por Pombagira que, diferente do fator acusador gerado por outro Orixá, só insinua, deixando no ar a comprovação ou não do que foi insinuado.

Insinuar-se, muitos o fazem para evitarem um não incisivo e para irem "tateando" para descobrirem até onde podem avançar ou se serão repelidos.

Insinuar é "lançar no ar" alguma coisa que, caso encontre interessados nela, daí em diante tudo fica mais claro e fácil.

Enfim, insinuar-se ou insinuar algo verdadeiro sem uma acusação formal permite às vítimas ou alvo de insinuações retificar sua conduta ou ações.

Mas Pombagira também gera e irradia o "fator alardeador", que entra em ação assim que o insinuador se mostra ineficiente para alcançar seus propósitos. Aí, o jeito é alardear para que todos voltem a atenção para o alardeado e para o alardeador, mas com este tendo que pagar o preço da exposição negativa.

Agora, os procedimentos dos seres e o uso que fazem desses fatores-funções, isso já não é com o Orixá Pombagira, e atribuir-lhe negativismo ou negatividade é faltar com a verdade e é atribuir imperfeição ao Divino Criador, pois foi Ele que pensou, criou e gerou o mistério interiorizador e a sua manifestadora divina que conhecemos pelo nome Pombagira, porque na Teogonia nagô ou yorubana ela não recebeu um nome em yorubá e ficou entre os Orixás cujos nomes não foram revelados, assim como muitos outros Orixás, tão importantes para a Criação e a vida dos seres, também não o foram nomeados.

Reduzir o universo divino povoado por divindades-mistérios, tal como fizeram algumas religiões, somente a "Deus" e a alguns seres divinos, é uma opção dos seus criadores-fundadores humanos. Mas esse ato lhes reduz a possibilidade de explicarem tudo o que acontece e que tem sua fundamentação nessas divindades-mistérios, assim como fica difícil identificar e separar as ações divinas das humanas... ou desumanas, praticadas por pessoas desequilibradas.

Pombagira gera o "fator exibidor", que tem a função de induzir os seres possuidores de determinadas qualidades, faculdades e atributos a mostrá-los ou demonstrá-los, fazendo saber aos interessados onde e com quem encontrá-los para deles se servir ou por eles ser ajudado.

– Um comerciante exibe na vitrine da sua loja os produtos à venda, e isso não é visto como um ato negativo.

– Um criador exibe os melhores exemplares do seu plantel para que os interessados em melhorar os deles saibam onde adquirir melhores reprodutores, e isso, essa exibição, não é vista como negativa.

– Um profissional exibir seus talentos e conseguir as melhores posições dentro de uma empresa não é visto como ato negativo, e sim, como competência e competitividade, sendo que as empresas até estimulam essas ações, pois só assim conseguem os melhores para os seus quadros de funcionários, todos altamente capacitados. Os currículos que o digam!

• Um homem exibir seus dotes físicos e sua competitividade atlética, suplantando seus concorrentes, é visto como competição entre os seres de uma mesma espécie, destacando-se os melhores ou os mais bem dotados fisicamente, que se tornam ídolos esportivos ou artistas admirados pelas multidões, e isso não os tornam "exibidos".

• Mas, vai uma mulher exibir seus talentos, eficiência, capacitação e dotes físicos privilegiados para ver o que lhe acontece! No instante seguinte já está toda adjetivada, sendo que o primeiro é o de ser classificada como exibida ou exibicionista, ambos os termos com conotação negativa.

• Um homem deixar-se fotografar com o tórax nu mas bem delineado e ser exibido na capa de uma revista ou num cartaz, tudo bem! Mas se uma mulher fizer o mesmo, aí ela é isso e aquilo, não é mesmo? E haja adjetivos desairosos para classificá-la!

Para Pombagira, que gera e irradia o fator exibidor, e que tem a função de induzir os seres a exibirem seus talentos e dotes visando atrair a atenção dos interessados ou dos que precisam do auxílio de quem os possua, tudo bem, pois isso não é visto como procedimento contrário à vida.

Agora, recorrer aos seus talentos e dotes profissionais, físicos, culturais, financeiros, etc., para prejudicar seus semelhantes, aí sim, quem assim procede desencadeia contra si uma reatividade do Mistério Pombagira, que tem seus fatores punidores para quem assim procede.

E um dos mais temidos é o fator abismador, que abre sob os pés de quem assim procede um abismo punidor, através do qual sobem vibrações, seres degenerados e criaturas vorazes e insaciáveis que começam a atormentá-lo e castigá-lo por estar dando mal uso aos seus talentos e dotes naturais.

Para o Mistério Pombagira, certos tipos de exibicionismo são vistos e aceitos como indispensáveis. Outros são vistos como necessários e outros, como toleráveis. Assim como outros são vistos como condenáveis, e o mau uso dos talentos e dotes naturais, sem exceção, são vistos como puníveis.

Um homem ou uma mulher usar dos seus talentos e dotes naturais para subjugar a seu "bel-prazer" ou aos seus interesses inconfessáveis a outras pessoas, isto sem dúvida desperta uma reatividade, também natural do Mistério Pombagira. E, quando só essa reatividade não é suficiente, aí entram em ação os espíritos manifestadores e aplicadores dos seus mistérios na vida dos que já estão presos nas malhas reativas desse mistério que, entre suas muitas funções, tem a de estimular a multiplicação das espécies, com cada uma multiplicando-se segundo a forma que Deus lhe deu.

Por isso, o ato sexual em si não é visto pelo Mistério Pombagira como algo "pecaminoso", como algumas doutrinas religiosas o descrevem. Mas, o ato à força ou degenerado, aí a reatividade é automática. Inclusive, essa reatividade natural explica a reação do Mistério Pombagira ao aborto, à prostituição, ao desvirtuamento do sexo e da sexualidade, competindo a ela estimular nos seres esse tipo de desejo, mas também é de sua competência punir os que se excedem, se desvirtuam, se desequilibram e se degeneram, transformando o dom natural e multiplicador da vida em um alimentador da licenciosidade e degenerador da principal função da sexualidade.

Associar o mistério original e divino nomeado por nós com o nome Pombagira como estimulador da prostituição, da libertinagem, da devassidão, da viciação, do aborto, etc., foi um dos maiores erros já cometidos por pessoas desconhecedoras das reais, originais e divinas funções desse mistério estimulador da multiplicação das espécies.

Se hoje o exibicionismo do corpo assumiu proporções alarmantes nas sociedades ocidentais e liberais, isso é só uma reação ao longo período de ocultamento do mesmo, imposto por doutrinas religiosas que veem a sexualidade como um pecado e o corpo humano como o seu leito natural.

São reações ao sufocante puritanismo imposto por doutrinas religiosas que partiram do pressuposto de que a "queda" do homem deveu-se ao sexo... da mulher, e nada mais.

É contra esse falso moralismo ou puritanismo machista e subjugador das mulheres e dos seus dotes, sexualidade e sensualidade naturais, que a reatividade do Mistério Pombagira está voltada. Eles podem cobrir-se o quanto quiser porque tudo o que ocultam e sufocam dentro de si reflete no Mistério Pombagira, pois se os seres não se mostram como são aos olhos dos seus semelhantes, no entanto não podem ocultar do Mistério Pombagira o que vibra em seus íntimos ou interiores, abertos dentro dos seres por ela e regidos pelos seus mistérios, tanto os amparadores quanto os punidores.

Só vamos ver como as pessoas são depois que desencarnam, mas aos olhos de Pombagira todos estão sendo vistos como realmente são o tempo todo.

Capítulo XIII

A Ação de Pombagira nos Domínios dos outros Orixás

Se até aqui já sabemos algumas coisas sobre o Orixá Pombagira, isso é pouco quando comparado com sua indispensabilíssima função de criar um interior dentro de tudo o que existe e, em uma mesma coisa, por ser ela possuidora de um magnetismo tripolar (positivo, neutro e negativo), as coisas também têm um interior positivo, um neutro e um negativo.

• O interior positivo parte do íntimo dos seres e chega até Deus.

• O interior neutro parte do íntimo dos seres e abre-se para o Espaço Infinito interno de cada um.

• O interior negativo abre-se para baixo e projeta-se para os abismos internos da Criação.

Sim, tal como Exu, que é neutro na sua origem e que dá a tripolaridade em tudo o que entra em seu domínio, com Pombagira o mesmo acontece e tudo o que foi ou é gerado na matriz geradora de interiores o é tripolarizado, assim como quando e aberto o interior de algo ou de alguém, ele também é tripolar, abrindo-se para dentro da Criação, para o Espaço Infinito e para o Abismo embaixo dos pés de cada ser, cujo portal de acesso poderá estar fechado, semiaberto, aberto ou escancarado.

Tudo dependerá do que o ser estiver vibrando em seu íntimo ou interior.

Essa mesma tripolaridade, o Mistério Pombagira abriu nos domínios dos outros Orixás quando ela foi exteriorizada por Olorum para que se assentasse na sua Criação exterior e nela ativasse a abrisse o seu mistério tripolar.

Ao abri-lo no espaço, regido por Oxalá, ela também tripolarizou-o, abrindo nele o interior neutro para fora, onde tudo o que seria criado seria acomodado; o interior positivo, que partia do espaço no lado de fora e chegava até o interior do Divino Criador Olorum; e abriu o interior negativo, que se abriu no espaço e criou o abismo nele, abismo esse que se assemelha a um vórtice que puxa para dentro de si tudo o que se negativa dentro do Espaço Infinito e tem de ser removido senão vai negativar tudo mais à sua volta.

Se Exu, ao ativar seu mistério tripolar criou no Espaço Infinito as faixas vibratórias positivas, a faixa neutra e as faixas negativas, Pombagira abriu um interior que conduz tudo o que for positivo para dentro da Criação; tudo o que for neutro para dentro do Espaço Infinito e tudo o que for negativo é conduzido para dentro do seu abismo, ligado ao polo negativo de sua matriz geradora, que a tudo "recicla", neutraliza e devolve ao espaço neutro infinito, para que volte a ele e retome seu lugar e cumpra o seu destino na Criação.

Em Pombagira não há o mal como o entendemos, e sim, funções a serem realizadas, doa a quem doer ou apraza a quem aprazar, mas que serão realizadas, e ponto final!

Portanto, quer a aceitem como ela é e atua ou não, ela continuará a ser o que sempre foi e a atuar como sempre atuou, pois foi para isso que o Divino Criador Olorum pensou-a, criou-a, gerou-a e exteriorizou-a, para auxiliá-lo na manutenção da paz, da harmonia e do equilíbrio no mundo manifestado.

E tanto isso é verdade que não há um só Orixá que não tenha se beneficiado com sua tripolaridade, inclusive Exu, pois, após ela ativar e abrir seu mistério, o Vazio Absoluto não foi mais o mesmo porque sua tripolaridade abriu dentro dele três tipos de vazios interiores:

Um que avança para o interior da Criação, um que avança para o Espaço Infinito e outro mais que é um abismo dentro do Vazio, dentro do qual Exu descarrega tudo o que o desagrada.

Assim que Pombagira abriu seu mistério tripolarizador, foi possível ter início a Criação Exterior porque ela lhe forneceu as condições ideais.

Inclusive, se antes Oxalá tinha que juntar umas coisas com outras ou empilhar suas criações no seu Espaço Infinito, com a abertura do vazio para dentro do Espaço Infinito, então cada corpo celeste criado por ele pode ser separado dos outros e firmado em um determinado local do espaço porque já era criado dentro do "Vazio Relativo" aberto dentro do seu domínio na Criação.

Ou não é verdade que entre um corpo celeste e outro sempre há um imenso espaço vazio, mas que, por ser relativo, acomoda todas as radiações deles e fica hipersaturado de micropartículas energéticas emitidas o tempo todo por eles?

Saibam que o Vazio de Exu só é absoluto dentro do seu domínio na Criação, que é o seu estado original, o do Vazio Absoluto.

Já os vazios interiores que Exu abriu dentro dos domínios dos outros Orixás foram relativos porque eram interiores vazios ou vazios interiores que, quer queira quer não, Exu teve que aceitar essa relativização dos seus vazios, pois, ao serem abertos dentro dos domínios dos outros Orixás, esses vazios assumiram as propriedades deles, relativizando se.

Com isso, os interiores-vazios ou vazios-interiores tornaram-se espaços vazios capazes de acomodar as coisas sem influenciá-las com sua propriedade esvaziadora, uma vez que, ao serem abertos por Pombagira dentro dos domínios dos Orixás, com eles aconteceu o que é regra no Mistério Pombagira: o interior de algo ou de alguém, esteja ele vazio ou cheio, é propriedade de quem nele foi aberto. E, por ser propriedade de quem o recebeu, imediatamente é imantado pela propriedade do seu possuidor.

• Assim sendo, uma pedra dá ao interior do seu vazio interior a sua propriedade mineral.

• Uma semente dá ao interior do seu vazio interior a sua propriedade vegetal.

• O ar dá ao interior do seu vazio interior sua propriedade aérea ou eólica.

E assim sucessivamente com tudo e com todos.

Diz uma lenda não contada por ninguém até hoje que Exu, ao saber que Pombagira criara com a tripolarização dela os interiores em seu domínio do Vazio Absoluto, ficou inconformado com a perda do absolutismo com que imperava dentro dele. E ficou revoltadíssimo ao saber que ela, ao abrir no vazio um interior que se abriu para o Espaço Infinito e para tudo então acomodado dentro dele, que eram os domínios dos outros Orixás, porque se sentiu lesado por ela.

Para que entendam melhor tudo o que aconteceu, é melhor contarmos essa lenda, inédita até agora.

Lenda dos vazios interiores

Conta uma lenda que, logo depois de Pombagira ter ativado e aberto seu mistério gerador de interiores, que é tripolar, tanto abriu os seus três interiores já descritos acima no Espaço Infinito, gerando um interior para fora, onde as coisas a serem criadas seriam acomodadas, assim como abriu nele um interior para dentro, onde acumularia suas energias criadoras positivas, como também abriu um abismo onde tudo o que se tornasse inútil seria recolhido para, posteriormente, ser "reciclado".

Esses interiores agradaram Oxalá e quase todos os Orixás, e entre os contrariados com a tripolaridade dos interiores abertos por ela estava Exu que, contrariado, interpelou-a:

– Pombagira, que negócio é esse de tripolarizar o meu domínio do Vazio Absoluto?

– Exu, essa tripolarização não é negócio algum, e sim, é um mistério.

– Que é um mistério eu sei. Mas quem precisava de interiores era Oxalá. O Vazio Absoluto, por ser o que é, deve ficar de fora da ação do seu mistério.

– Isso não é possível, Exu. Ou todos recebem em seus domínios os meus interiores ou todos ficam sem eles.

– Isso é ingerência nos meus domínios, Pombagira. Não vou tolerar compartilhá-lo com você, e ponto final!

– Tudo bem, Exu. Mas, antes, retire seu mistério tripolarizado do meu domínio dos interiores, pois antes de sua ingerência neles eles possuíam uma única vibração, e depois passaram a ter dentro de um mesmo interior uma faixa neutra, uma positiva e outra negativa.

– Isso eu não sabia, Pombagira!

– Pois é isso! Você recolhe sua tripolarização dos meus interiores que eu retiro minhas interiorizações também tri-polares do seu vazio.

– Bom... acho que isso é impossível, Pombagira.

– Foi o que eu disse, Exu! Como o mistério de um Orixá atua nos domínios dos outros, não há como ativar o meu só nos de alguns deles, certo?

– Isso não está certo, Pombagira!

– Então vá reclamar com quem assim determinou, certo?
– Nem pense nisso, está bem? Você sabe que, se uma reclamação não for aceita, o reclamante volta ao plano das intenções até que Olorum pense em uma alternativa.
– Alguém falou o meu nome? – perguntou Exu Mirim, surgindo do "Nada", como era seu hábito.
– Pronto! Chegou quem não faltava! – exclamou Pombagira com deboche, porque gera o fator debochador.
Exu Mirim fez de conta que não era com ele e perguntou-lhes:
– E aí, tem alguém insatisfeito querendo hibernar um longo e tenebroso sono no meu domínio do Nada? Saibam que o Nada como nada no nada subsiste, está pronto e aberto para receber e acomodar tudo e todos os insatisfeitos em seu interior, certo?
– Errado, Exu Mirim! – exclamou Pombagira – Como o Nada é o que é, então nem um interiorzinho o Nada consegue ter para você interiorizar o seu ego! – falou ela, dando a seguir uma de suas debochadas gargalhadas.
Exu Mirim, vendo-a gargalhar à custa da inexistência de um interiorzinho ao menos no seu domínio onde pudesse acomodar as intenções, revoltou-se com tanto deboche por parte dela e, à guisa de vingança, falou isto:
– Então, Exu. Você já está sabendo que o vazio no interior dos interiores abertos pelo Mistério Pombagira estão fora dos seus domínios e pertencem aos dos outros Orixás?
– Essa não, Pombagira! – exclamou Exu, irritando-se todo – Até isso você fez com o meu mistério ao abrir o seu no Vazio?
– Pois é, Exu! – respondeu ela, preocupada com a irritabilidade repentina dele, a qual ela atribuiu à presença de Exu Mirim.

– Pois é o quê, Pombagira? – perguntou-lhe Exu, mais irritado ainda.

– Essas coisas acontecem, sabe?

– Isso eu não sei, Pombagira. Como é que o seu mistério vai assim, sem mais nem menos, concedendo vazios para os domínios de todos os Orixás?

– Foi involuntário, Exu! – justificou-se ela – Mas esses vazios no interior do interior dos domínios são relativos, sabe?

– Não sei não. Explique-se, Pombagira!

– Bom, como o vazio está dentro do interior dos domínios, eles não são vazios absolutos mas sim relativos, porque, por estarem no interior dos domínios, passam a ter a propriedade dos Orixás regentes dos estados da Criação.

– Se entendi certo, agora Ogum tem um vazio interior só dele e que já não é um Vazio Absoluto, e sim, relativizou-se porque foi imantado com a propriedade de Ogum, que oguniza tudo o que entra no domínio dele? E o mesmo aconteceu nos domínios de todos os outros Orixás?

– Foi o que eu disse, Exu. Mas são só vaziozinhos, sabe?

– Não sei não! O que já estou sabendo é que todos os outros Orixás agora possuem seus vazios no interior do interior aberto por você no domínio de cada um deles.

– Mas eles são só relativos, certo?

– Não vejo nada certo nessa apropriação indevida do meu mistério. Isso sim é passível de uma reclamação formal, sabe?

– Então, faça-a a quem de direito, Exu.

– É o que farei, Pombagira. É o que farei! – exclamou Exu, transbordando irritabilidade. Exu Mirim, por gerar o fator irritador e captar todas as razões por trás das irritações ou a falta de uma ao menos para justificá-las, achou melhor intervir.

– Exu adulto, até entendo sua contrariedade e irritabilidade. Mas você tem de entender que por trás dessa suposta apropriação...
– Exu Mirim, nem continue! O que você chama de suposta apropriação, eu já vejo como autêntico usucapião, sabe? Expropriaram o meu domínio e nem fui avisado, certo?
– Exu adulto, você não está atinando com as reais intenções do nosso pai e criador Olorum ao dotar o interior dos domínios com vazios interiores relativos, sabe?
– Não sei não, Exu Mirim. Explique-se!
– Tudo bem! Eu me explico. Saiba que o nosso pai Olorum, ao dotar o interior dos domínios dos outros Orixás com vazios interiores relativos, só o fez para poupá-lo dos dissabores de ter que atuar por dentro dos domínios deles que, caso você não tenha visualizado ainda, no futuro será chamado de infernos naturais, sabe?
– Como é que é?!!! Explique-se mais uma vez, Exu Mirim!
– Exu, ouça com atenção! Nesses vazios interiores abertos no interior dos domínios será recolhido tudo o que desagrada aos olhos dos seus Orixás regentes. Logo, serão verdadeiros infernos que, por estarem contidos no interior do interior dos domínios deles, não afetarão seu Vazio Absoluto e não incomodarão sua matriz geradora, que não gosta de ser importunada com sons de revoltas, fúrias, iras, etc.
Com isso, a pureza do Vazio Absoluto foi mantida e o que está dentro dos domínios dos outros Orixás, e problema deles, e ponto final!
– Bem... vendo dessa forma, até que não foi um mau negócio, certo?
– Foi o que eu disse, Exu adulto. Desirrite-se porque não vejo uma só razão para você reclamar com nosso pai Olorum.
– Bom, então não tenho do que reclamar, certo?

– Certíssimo, Exu. É melhor conceder-se um vaziozinho aqui e outro acolá do que ter de receber no teu domínio todos os que, por se apropriarem indevidamente do que não lhes pertence, no futuro serão conhecidos como usucapiadores dos mistérios dos Orixás, sabe?

– Desses, nem quero saber, Exu Mirim! Além do mais, eles até poderão ser recolhidos nesses vazios relativos já existentes no interior dos domínios dos outros Orixás, mas não deixarão de estar dentro dos domínios de Pombagira, que terá de lidar o tempo todo com eles, certo?

– Foi o que eu disse, não?

– É, foi sim.

– Mas aí, já é problema dela!

– Bem, já que não há nada para reclamar, vou me recolher no Vazio. Até a vista, Exu Mirim.

– Até, Exu adulto!

Moral dessa lenda: Amigo leitor, cuidado com o seu vazio interior porque será nele que seus demônios interiores se alojarão e o atormentarão, certo?

Capítulo XIV

Pombagira, Guardiã dos Infernos Internos

Como o amigo leitor viu na lenda aqui contada, Pombagira é mais importante do que se imagina e é tão indispensável para o equilíbrio externo da Criação que até um Vazio Relativo ela criou no interior dos domínios dos Orixás para que nele sejam recolhidos os seres que se desequilibram por quererem levar vantagens às custas alheia.

Como algo criado ou aberto por um Orixá na morada exterior alcança tudo e todos na Criação, até no Vazio Absoluto de Exu ela criou um interior com um Vazio Relativo onde ele poderia abrigar ou reter os seres completamente esvaziados mas não anulados.

Exu Mirim, após acalmar Exu adulto, que estava irritadíssimo com a Criação dos vazios relativos interiores por ela dentro do interior dos domínios dos Orixás, ao voltar para o seu, que é o "domínio do nada", exclamou estupefato:

– Essa não!! Até no Nada já há um interior com um vazio interno relativo!

Desse jeito, até o Nada terá um inferno interno gigantesco, povoado por seres que não são nada na Criação, mas se acham grande coisa, sabem?

– Sabemos sim! – exclamaram muitas vozes em uníssono – A começar por você! – concluiu Pombagira, dando a seguir uma de suas gostosas gargalhadas.

Bom, antipatias ou incompatibilidades à parte, o fato é que tudo na Criação tem um interior e dentro desse interior há um Vazio Relativo que até pode parecer um "vaziozinho", mas que só o é por fora porque por dentro, segundo quem já caiu em um deles, são imensuráveis, de tão grandes que são!

E, por tudo e todos terem esse "vaziozinho" relativo dentro de si e por ele se parecer com um abismo, então há duas formas de se cair ou dois tipos de quedas:

• A queda exterior, vista por todos, e a interna, só vista por quem auscultar o interior de quem caiu ou regrediu.

• Na queda ou regressão externa, o ser "desmorona" para fora e, na queda ou regressão interna, o ser desmorona para dentro dela.

• Na queda externa o ser é atormentado pelos seus "demônios" externos. Já na queda interior, ele é atormentado pelos seus "demônios" internos.

• Por "demônios" externos, entendam os seres que foram prejudicados pelo ser cadente. Já, por "demônios" internos, entendam os sentimentos negativos vibrados intimamente pelos seres "cadentes".

Só por essa informação já temos uma noção da importância de Pombagira que, no mínimo, deveria ser a Padroeira da Psicologia, da Neurologia e da Psiquiatria, pois melhor que todos no entendimento do que se passa no íntimo dos seres, isso ela é!

Afinal, ela rege sobre os interiores e é a guardiã dos vazios interiores relativos, que é onde estão acomodados os infernos íntimos ou internos de cada um, povoados pelos "demônios" que só existem na mente dos seus criadores e os atormentam de "dentro para fora", tornando-os lamurientos, invejosos, intolerantes, insuportáveis, reclamões, impacientes, covardes, traiçoeiros, falsos, mentirosos, fracos, inconfiáveis, desleais, etc.

Capítulo XV

Os Abismos de Pombagira

A palavra abismo define muito bem o interior negativo que o Mistério Pombagira abriu em tudo e em todos quando ela foi exteriorizada pelo Divino Criador Olorum.

Cada Orixá é um estado da Criação, e ela é o estado dos interiores, existentes dentro de cada coisa criada e por ela ser tripolar e sempre abrir três tipos de interiores: um positivo, um neutro e um negativo.

Falemos do polo negativo de Pombagira!

O fato é que o polo negativo de Pombagira capta e internaliza todas as vibrações íntimas e negativas dos seres e, com elas internalizadas, reage de acordo com cada tipo de vibração.

Se a vibração é de dor e sofrimento físico (material) ou corpóreo (espiritual), a reatividade é no sentido de anulá-la no ser em questão, e o polo negativo dela gera e irradia uma vibração que anula a sensibilidade, fato esse que faz com que o ser, mesmo sentindo dores, suporte-as até que tenha como anulá-la em seu corpo carnal ou espiritual.

Se a dor provém de algum ferimento que faz verter sangue no corpo físico ou a parte líquida do corpo espiritual, as vibrações reativas inundam a região ferida com um fator gerado pelo Mistério Pombagira denominado por nós de "fator coagulador", cujo paralelo ou similar na matéria é a vitamina K, que é coagulante.

Como o fator coagulador é um dos denominados "complexos" fatorais, a parte dela é a "feminina positiva" enquanto o Orixá Omolu gera a parte "masculina positiva".

Existem outros sete Orixás que geram as outras partes desse fator "eneagonal", mas esses outros Orixás, assim como Pombagira, não receberam nomes na Teogonia nagô ou yorubana e não são cultuados ou conhecidos nos cultos tradicionais originários da Nigéria.

Esta é uma das razões de Pombagira não pedir sangue animal ou de aves em suas oferendas, firmezas e assentamentos.

Outra delas é por causa do fluxo menstrual, cujo ciclo também é regido por outro dos seus muitos mistérios.

Basta observar o que as manifestadoras dos seus mistérios pedem em suas oferendas que começarão a descobrir seus campos de atuação.

– Seu principal axé animal é o coração, cuja função é bombear o sangue e renovar sua oxigenação.

Mas, aos "olhos divinos" do Mistério Pombagira, fazer trabalhos de magia negativa com corações e contra outras pessoas é o mesmo que afrontar contra a Vida, que é Olorum.

Quem assim procede está abrindo sob seus próprios pés um abismo dos mais tenebrosos dos já conhecidos por nós.

Se as pessoas que fazem "trabalhos" contra os seus semelhantes com "corações" soubessem o que os aguardam após o desencarne, com certeza renunciariam a essa prática errada e imediatamente começariam a clamar pelo perdão dos pecados que, nas suas ignorâncias sobre a reatividade dos

Orixás, cometeram usando de um dos axés da Pombagira para atingirem suas vítimas.

O inferno que as engolirão abre-se sob seus pés assim que iniciam essas práticas mágicas criminosas, punidas com o horror dos abismos ou polo negativo do Mistério Pombagira.

Também, as pessoas que fazem trabalhos de magias negativas com sangue de animais ou com sangue menstrual abrem em suas vidas e sob seus pés, assustadores e tenebrosos abismos que os puxarão para dentro deles assim que desencarnarem.

Mulheres que fazem trabalhos contra seus desafetos com sangue menstrual abrem por dentro de suas vaginas espirituais abismos horrendos que, se por fora têm o tamanho dos seus órgãos genitais, por "dentro" são imensuráveis porque estão ligados aos abismos esgotadores das aberrações sexuais, povoados por espécies elementares de vida tão assustadoras que, se soubessem disso, essas pessoas jamais iriam recorrer ao sangue, e muito menos ao sangue menstrual para atingirem ou subjugarem a quem quer que seja.

As pessoas que fazem magias negativas com qualquer tipo de sangue contra suas vítimas, se soubessem dos horrores "elementares" que as aguardam, ou mesmo, que saem "por dentro" delas e passam a viver dentro dos seus "corpos internos", alimentando-se da "energia" dos seus sangues, com certeza parariam imediatamente com essas práticas criminosas aos olhos da Lei e da Vida, que são Olorum.

Pombagira rege sobre a parte feminina do "fator desejador", mas só sobre os desejos construtivos porque sobre os desejos destrutivos, desses ela é punidora temidíssima.

A parte de Pombagira no fator punidor da Lei e da Vida é a mais temida por quem conhece um pouco sobre seus mistérios. E, se todos têm o livre-arbítrio e podem fazer o que desejarem, no entanto, nenhum desejo negativo e destrutivo deixa de ser punido pelo seu temidíssimo "fator punidor".

Lamentavelmente, muitas pessoas ainda recorrem às manifestadoras naturais, espirituais e encantadas do Mistério Pombagira para "acertarem suas contas" com seus desafetos ou inimigos. Mas, se soubessem que estão abrindo sob seus pés os tenebrosos e temíveis abismos punidores que os engolirão, com certeza renunciariam a essas práticas criminosas.

Todos os abismos têm funções punidoras e é só uma questão de tempo para que cada um conheça por dentro de si mesmo o que plantou sob seus próprios pés, pois a colheita é obrigatória e implacável!

Dizem os que conhecem os abismos dos polos negativos dos mistérios de Pombagira que, se há inferno, então eles o são!

Logo, que vá ou seja engolido por eles quem os abriu sob seus pés, certo?

"A cada um segundo seu merecimento!", dizem a Lei a Vida.

Pombagira, por ser tripolar e por abrir por dentro das coisas seus interiores, tanto os abre nos seres quanto em todas as coisas criadas.

Logo, ela abre seus abismos dentro dos seres, dentro dos seus sentidos (que são abstratos), dentro dos elementos, etc.

Por dentro dos seres, ela abre abismos por espécies e faz surgirem abismos recolhedores das espécies cujos membros entram em desequilíbrio.

Por dentro dos sentidos, ela abre abismos para recolher os seres que se desequilibram em um ou alguns deles, tais como:

• Abismo no sentido da fé, que recolhe seres que cometem os mais variados crimes e pecados nos campos da fé.

• Abismo no sentido do amor, que recolhe seres que cometem os mais variados crimes e pecados nos campos do amor.

E assim sucessivamente nos outros sentidos. Nos elementos, ela abre os abismos elementais:

• Abismos cristalinos: abertos na dimensão elemental cristalina e nos elementos cristalinos.

• Abismos minerais: abertos na dimensão elemental mineral e nos elementos minerais.

• Abismos vegetais: abertos na dimensão elemental vegetal e nos elementos vegetais.

• Abismos aquáticos: abertos na dimensão elemental aquática e nos elementos aquáticos.

• Abismos telúricos: abertos na dimensão elemental telúrica e nos elementos telúricos.

• Abismos eólicos: abertos na dimensão elemental eólica e nos elementos eólicos.

• Abismos ígneos: abertos na dimensão ígnea e nos elementos ígneos.

• As dimensões são os "meios".

• Os elementos são os seus formadores.

Esses "abismos internos" existentes em tudo o que foi criado no mundo manifestado dão aos elementos a propriedade absorvedora de vibrações e de energias negativas, propriedade essa que os tornam capazes de recolher para dentro dos seus "abismos interiores ou internos" as sobrecargas negativas das pessoas e dos ambientes.

A chama de uma vela emite ondas vibratórias ígneas que "puxam" para dentro dela as sobrecargas negativas acumuladas no espírito e nos campos protetores das pessoas.

Um cristal, um mineral ou uma parte de um vegetal, quando são ativados magisticamente, recolhem para dentro dos seus abismos interiores as sobrecargas negativas das pessoas beneficiadas por suas ações, sem se sobrecarregarem, porque tudo o que recolhem e internalizam não ficam neles, e sim, entram nos seus abismos internos e "caem" no abismo da dimensão elemental de cada um desses elementos, sendo que estes atuam magisticamente como portais multidimensionais quando são ativados magisticamente por um iniciado nos seus mistérios sustentadores.

Nos cursos de Magia Divina ministrados por mim, as pessoas se iniciam com as divindades regentes e guardiãs dos mistérios, que tanto atuam através dos sentidos quanto dos seus elementos formadores da natureza, adquirindo o "poder pessoal" de ativarem os seus poderes realizadores através desses elementos, tornando cada elemento usado em um portal absorvedor dos mais variados tipos de "negatividades".

Nas "mãos" de um iniciado, os elementos são portais poderosíssimos capazes de remover, recolher e internalizar nos abismos elementais as sobrecargas negativas das pessoas beneficiadas por suas ações mágicas.

As ervas; as pedras ou cristais; os minérios; as chamas das velas; os copos com água ou outros líquidos; as flores e os perfumes ou essências; a fumaça dos charutos ou cachimbos; os pós; os símbolos ou pontos riscados; as fitas, faixas e toalhas, etc., usados pelos guias espirituais de Umbanda Sagrada, adquirem esse poder ou propriedade quando na mão deles durante seus trabalhos espirituais em benefício das pessoas necessitadas dos mais variados auxílios.

E tudo, graças a esse "mistério abismador" de Pombagira, que puxa para dentro dos elementos as sobrecargas negativas, internalizando-as nos abismos elementais.

Só isso já serviria para fundamentar e justificar o Mistério Pombagira dentro do Ritual de Umbanda Sagrada.

Mas há mais, muito mais dentro da Umbanda que a fundamenta, tornando-a parte fundamental de todas as práticas magísticas dos guias espirituais.

Vamos a outras fundamentações?

Capítulo XVI

O Fator Desagregador de Pombagira

Vários são os significados do verbo desagregar, sendo que sua principal função é separar o que está unido através das mais variadas formas.

Como existem muitos tipos de união ou associação de "coisas" diferentes para que juntas possam realizar algo maior, vamos descrever algumas para que o fator desagregador seja compreendido.

• Dois empresários, cada um com atividades diferentes, se unem e fundam uma terceira empresa, muito mais forte porque tem na sua composição acionária duas outras empresas.

• Dois partidos políticos se unem para, juntos, elegerem um candidato comum a ambos mas que, sozinho, não conseguiria porque lhe faltava o apoio indispensável para conseguir eleger-se.

• Duas pessoas de sexos diferentes se unem para, casando-se, formarem uma família, pois isoladas entre si não poderiam ter filhos e perpetuarem a espécie humana.

• Algumas pessoas com uma religiosidade em comum se unem e criam uma igreja.

• Vários atletas se unem e formam um time.

- Dois minérios diferentes são fundidos e, misturados nas proporções certas, formam uma liga metálica.
- Duas cores diferentes são misturadas e formam uma terceira cor.
- Dois átomos diferentes se ligam e formam uma molécula, e estas se ligam e formam as substâncias.
- Os quatro elementos básicos se unem e formam a natureza terrestre e outros elementos mistos ou compostos.

São tantas as uniões e os modos de as "coisas" se associarem que é impossível listá-las aqui.

Na verdade, tudo o que vemos neste nosso planeta Terra e no Universo é fruto ou resultado de uniões, de ligações e de associações de coisas diferentes. Isto acontece desde as micropartículas até as constelações, onde só há o equilíbrio porque cada coisa só ocupa seu lugar no espaço se estiver associada a outra ou outras na proporção certa.

Quando as uniões se tornam desproporcionais, não é possível haver equilíbrio e instalam-se ou surgem coisas instáveis.

Certas associações, instáveis ou desequilibradas desde o início, geram conflitos, choques e revoltas. Outras, que começaram nas medidas ou proporções certas mas posteriormente se tornaram desproporcionais, geram desequilíbrio e afetam todos os seus beneficiários ou coparticipantes.

Isto, essa proporcionalidade, é indispensável para o equilíbrio e a estabilidade de todas as uniões, ligações e associações. E quando alguma se torna desproporcional acontecem reações da parte afetada pela desproporcionalidade estabelecida, sendo que na maioria das uniões a separação das partes gera novas reações ou choques, com a parte dominante, ou maior, ou mais forte, tentado impor-se sobre a menor ou mais fraca, lesando-a ou aniquilando-a ou isolando-a para

que não estabeleça nova união ou associação que venha a torná-la útil e equilibrada.
Do que estamos falando?
• De partidos políticos aliados que se separaram e voltaram a disputar os mesmos eleitores?
• De empresas com interesses comuns que se separaram e criam uma concorrência antropofágica?
• De atletas que antes disputavam com outros de outros clubes e, a partir da separação hostil, passam a disputar entre si?
• De casais que se separam e os ex-cônjuges passam a hostilizarem-se até o fim de suas vidas?

Estamos falando desses tipos de associações e de muitas outras que, por envolverem partes pensantes, quando se separam ou se dissociam, alimentam conflitos que parecem não ter mais fim.

Na Criação como um todo e na Natureza, porque tudo está ligado, ou unido, ou associado aos meios, as separações são menos traumáticas.

Já com os seres, uma boa parte das separações gera conflitos intermináveis que, de forma negativa, estabelecem novas e conflitantes associações, seja entre ex-sócios, entre ex-parceiros políticos ou ex-cônjuges.

Enfim, isto parece ser assim mesmo com as partes "pensantes" das associações ou uniões humanas.

Saibam que há na Criação uma vibração divina irradiada pelo Orixá Oxum que transporta o fator agregador e sua função é ir agregando (unindo, associando) tudo e todos com seus afins e complementares que, unidos, conseguem realizar ou fazer coisas maravilhosas na Criação e na vida dos seres.

Essa vibração agregadora gerada e irradia pelo Orixá Oxum está em toda a Criação, desde o seu nível vibratório mais elevado até o mais denso, sempre unindo as "partes" afins que, unidas, complementam-se e permitem-lhe que sejam mais úteis aos meios e aos seres, e ela tanto uni as micropartículas quanto as estrelas.

Ela tanto faz com que surja a matéria quanto esse nosso universo físico, onde cada coisa está no seu lugar porque a agregação, ou união, ou ligação, ou associação de tudo é regida pela vibração agregadora de Oxum, que impregna tudo e todos com seu fator agregador, sendo que cada coisa recebe sua carga fatoral na quantidade certa e esta cria por dentro das coisas um magnetismo específico que atrai o que ou quem lhe for afim e repele o que ou quem lhe for antagônico ou oposto.

A vibração agregadora de Oxum tem dupla função, sendo que uma é atratora e outra é repulsora, ou seja, uma atrai os afins e outra repele os não-afins.

Com isso, a harmonia na Criação é obtida em todos os níveis vibratórios e em tudo que está "dentro" deles porque as afinidades são estabelecidas automaticamente, assim como as repulsividades também o são.

Mas, quando a atratividade levou à união, à ligação ou à associação e posteriormente acontecem fases ou períodos muito longos de antagonização dos afins e suas associações começam a ser prejudiciais à evolução dos seres, algo deve ser feito porque a separação dos afins antagonizados é muito difícil e só com a ação de uma vibração que atua em sentido contrário à que proporciona a união, a ligação e a associação, isto é possível.

Enquanto limitadas aos meios, as desagregações acontecem por meio de fenômenos ou leis físicas e químicas.

Quando limitadas às sociedades, as desagregações acontecem por meio de revoltas, revoluções, eleições, golpes de estado, etc.

Agora, quando limitadas à união, ligação ou associação de pessoas, aí são procedimentos individuais que realizam as "desagregações" delas para que os envolvidos nelas possam ficar livres e aptos a se religarem, a se reunirem ou a se reassociarem com outras e voltarem a viver e evoluir em paz e harmonia interior.

Sim, mais uma vez os antagonismos pessoais vibram com tanta intensidade no íntimo dos seres que suas vibrações ressonam na tela vibratória do Mistério Pombagira, e este reage a partir do íntimo ou do interior dos seres, fazendo com que reaja às partes envolvidas nas uniões, nas ligações e nas associações, alterando-as de dentro para fora e jogando uma contra outra, obrigando-as a darem novos rumos às suas vidas.

Ao desagregar os sentimentos que as levaram à união, a vibração desagregadora de Pombagira inunda o íntimo dos seres com fatores desagregadores que criam um magnetismo repelidor que começa a repelir quem ou o que está despertando no íntimo deles vibrações muito antagônicas.

Em pouco tempo o amigo vira inimigo; o ser amado torna-se odiado; o parceiro vira adversário; etc., tudo graças à ação fulminante da vibração desagregadora de Pombagira que, a exemplo da proximidade funcional existente entre Ogum e Exu, também tornam próximas Oxum e Pombagira.

Tudo é automático e, quando as uniões falham ou esgotam-se, entra em ação a vibração ou mistério desagregador de Pombagira, cuja ação fulminante não deixa dúvidas para os envolvidos que o melhor a ser feito é separarem-se o mais rápido possível.

Isso acontece com namoros, casamentos, amizades, parcerias, sociedades, etc.

Poucos já atentaram para o fato de que as repulsões (assim como as atrações) brotam de dentro para fora e são tão poderosas que até fazem a pessoa "passar mal" quando tem de ficar próximo ou frente a frente com quem se antagonizou.

Essa "repulsividade" pode ser só emocional ou ser instintiva.

Se for emocional, a pessoa passa mal e procura se afastar o mais rápido possível de quem lhe causa tão forte repulsa.

– Agora, se é o instinto de sobrevivência que é ativado, advém o ódio e o desejo, só controlado com muito esforço, de destruir o "objetivo" que desperta tanta repulsa.

A mola motora dos crimes mais comuns é a repulsividade instalada no instinto básico de sobrevivência, pois este turva a razão e induz o ser a destruir quem o está desestabilizando intimamente.

A vibração desagregadora de Pombagira é tão temida quanto a vibração regredidora de Exu Mirim, a vibração esvaziadora de Exu e a vibração punidora de Ogum.

Para o Mistério Pombagira, toda união, ligação ou associação que gera no íntimo ou interior dos seres vibrações antagonizadoras têm de ser rompidas e desfeitas para que o íntimo ou interior esvazie-se delas e volte a abrigar novamente vibrações de amor, de prazer e de satisfação.

A reatividade desagregadora do Mistério Pombagira entra em ação sempre que a vibração agregadora de Oxum torna-se incapaz de manter em paz, harmonia e equilíbrio o íntimo dos seres.

Um dos propósitos da incorporação dessa divindade, desse Orixá feminino não nomeado no panteão nagô, foi permitir que as suas manifestadoras e aplicadoras espirituais, naturais, encantadas e elementais pudessem incorporar nas suas médiuns e trabalhar de "fora para dentro" os interiores ou íntimos desequilibrados das pessoas.

Não pensem que lá na África, em solo nigeriano, havia o culto à Pombagira, pois não só não havia como esse mistério lhes era desconhecido, e se ele "entrou" nos "Cultos de Nação" estabelecidos no Brasil e nos demais países americanos, isto se deve à Umbanda, que popularizou o Mistério Pombagira através das suas manifestadoras que, incorporadas em suas médiuns, conquistariam a simpatia e o respeito dos frequentadores dos centros umbandistas.

Hoje, um século já tendo se passado e com ninguém mais sabendo quais eram as incorporações no início do século XX, a maioria acredita que Pombagira veio do Candomblé. Mas isso não é verdade, pois foram médiuns desenvolvidos na Umbanda e que posteriormente se transferiram para os Cultos de Nação é quem levaram para dentro deles o culto à "nossa" Pombagira.

Não pensem que antes do advento da Umbanda houvesse incorporação organizada desses espíritos femininos, pois isso não havia. E se acontecia de alguma delas incorporar, era posta para fora imediatamente.

Assim como não havia as incorporações organizadas de Caboclos, de Pretos Velhos, etc., tudo trazido pela Umbanda e com todos os espíritos apresentando-se com nomes simbólicos, todos genuinamente umbandistas.

Pois bem! O fato é que a incorporação do culto a uma divindade não "revelada" pelos tradicionais cultos aos Orixás abriu para a Umbanda a incorporação de espíritos femininos "diferentes" porque atuam a partir dos muitos campos do Orixá "Pombagira", tão fundamental quanto todos os outros, e tão importante que, o que Pombagira faz, ninguém mais é capaz de fazer.

É claro que, por vir de uma dimensão à esquerda da humana e por não ter tido um nome que a distinguisse entre os outros Orixá, essa Orixá feminina ficou como que meio em "suspenso" na Umbanda, porque suas manifestadoras, apesar de gostarem de trabalhar com rosas, não são "flores que se cheire", porque costumam "envenenar" a vida dos curiosos sobre seus mistérios e encantamentos.

Capítulo XVII

A Dimensão de Pombagira

A realidade de Pombagira começa no interior do Divino Criador Olorum, em sua matriz geradora de Interiores e, de plano em plano, ela chega até a dimensão da matéria, onde abre seu mistério tripolarizador e dota tudo e todos de três tipos de interiores: um positivo, um negativo e um neutro.

• O interior positivo é um meio que parte do íntimo do ser e chega até o interior de Deus.

• O interior negativo é um meio que parte do íntimo do ser e leva-o para os abismos.

• O interior neutro é um meio que parte do íntimo do ser e leva-o para dentro dos domínios dos Orixás na Criação, localizados no Espaço Infinito, regido por Oxalá.

Mas, além desses interiores, o Mistério Pombagira gera nos domínios dos Orixás seus interiores e, nesses, os seres vivem e evoluem, regridem ou estacionam por longos períodos de tempo.

Nos domínios dos Orixás, os que começam a regredir ou a negativarem-se, se são espíritos masculinos, são atraídos pelo Vazio Relativo existente no lado de fora deles.

Mas, se são espíritos femininos que regridem e negativam-se, estes são atraídos pelos Interiores Negativos, nos quais são recolhidos para esgotamento íntimo. E quando acontece um total esgotamento dos "interiores" dos seres negativados, estes são atraídos para a dimensão de Pombagira, que é tão grande quanto a Criação porque tem o seu justo tamanho.

Nessa dimensão de Pombagira, com o íntimo totalmente esvaziado de qualquer tipo de sentimento e iniciativa própria, esses espíritos femininos são acolhidos nos vastos domínios internos dela, coalhados de reinos regidos por "Pombagiras guardiãs" dos mistérios da regente divina delas e que é esse Orixá não nomeado na Teogonia nagô mas que, na Umbanda, recebeu o nome de "Pombagira".

Essas "Pombagiras guardiãs" dos mistérios da Orixá Pombagira são seres de natureza divina e, de dentro dos seus reinos e por dentro deles, estão em ligação direta com os domínios dos outros Orixás na Criação, sendo que atuam por dentro deles e através dos seus interiores, cujos polos negativos são dotados de um Vazio Relativo, capaz de esgotar o interior negativado dos seres que são atraídos para dentro deles.

Após o esgotamento de todos os sentimentos e o esvaziamento do íntimo dos seres femininos, estes são recolhidos nesses reinos e, amparados por suas regentes, começam a receber a imantação do Mistério Pombagira, sendo que umas a recebem através de um sentido e outros através de outros sentidos, distinguindo-as por campos de atuação, fazendo surgir as identificações, sendo que umas se identificam como ligadas aos cemitérios, outros às matas, etc.

Essa identificação simbólica determina quais eram os Orixás que regiam a evolução desses seres femininos e que, no retorno a eles, atuarão a partir dos vazios interiores relativos existentes dentro dos seus domínios.

• Seres femininos que evoluíam na irradiação de Oxum, quando retornam através do Vazio Relativo dos interiores dos

domínios dela na Criação, apresentam-se como Pombagiras de Oxum.
• Se evoluíam na irradiação de Iemanjá, apresentam-se como Pombagiras de Iemanjá.
• Se evoluíam na irradiação de Iansã, apresentam-se como Pombagiras de Iansã.
• Se evoluíam na irradiação de Nanã Buruquê, apresentam-se como Pombagiras de Nanã.
• Se evoluíam na irradiação de Obá, apresentam-se como Pombagiras de Obá.
• Se evoluíam na irradiação de Egunitá, apresentam-se como Pombagiras de Egunitá.
• Se evoluíam na irradiação de Oyá-Logunan, apresentam-se como Pombagiras de Oyá-Logunan.

Seus nomes simbólicos raramente são dados, e preferem identificar-se como nomes de pessoas, às vezes, até com os que tiveram quando viveram no plano material ou, se não haviam passado pelo mistério da encarnação, apresentam-se com nomes simbolizadores dos campos de atuação dos Orixás, tais como:
• Pombagira das Matas
• Pombagira dos Rios
• Pombagira da Praia, etc.

Se os seres femininos recolhidos na dimensão de Pombagira evoluíam nos reinos encantados elementais, elas pouco revelam sobre seus nomes e mistérios que manifestam na irradiação de Pombagira.

Também evitam incorporar e preferem atuar por dentro dos domínios dos Orixás, sempre ligadas aos seus antigos reinos, atuando como atratoras dos seres femininos que se desequilibram e regridem ou negativam-se, amparando-as enquanto suas quedas vibratórias são pouco acentuadas.

O importante é que saibam que o interior tripolarizador dos domínios dos Orixás distribui-se desta forma:
• O interior positivo projeta-se para o plano divino da Criação de Olorum.
• O interior neutro projeta-se para as matrizes geradoras dos seus domínios na Criação.
• O interior negativo projeta-se para os reinos existentes dentro dos domínios de Pombagira na Criação, todos dentro de sua dimensão, que começa na matéria e projeta-se para o interior da sua matriz geradora.

Com isso explicado, podemos avançar em nosso comentário sobre a dimensão regida por Pombagira.

A dimensão de Pombagira II

A dimensão da vida regida pelos mistérios de Pombagira é uma das mais complexas entre todas as já conhecidas e estudadas a partir do nosso entendimento humano da Criação.

A partir do interior negativo de tudo o que existe chega-se à dimensão dela, sendo que cada um dos elementos formadores da matéria são portais para ela.

Como todo o excesso de energias geradas pelos elementos é recolhido pelo "interior" das "coisas" existentes, cada uma das dimensões básicas elementais existentes "dentro" do nosso planeta recolhe para dentro delas mesmas seus excessos energéticos.

Esse recolhimento por dentro e para dentro se processa de uma forma tão surpreendente que os vórtices recolhedores de energias existentes dentro de cada coisa criada, inclusive dentro de nosso espírito, assemelham-se aos ainda pouco conhecidos "buracos negros" descobertos pelos astrônomos, que recolhem para dentro de si tudo o que se aproxima deles, sendo que, por enquanto, ainda não sabem para onde são enviadas todas as coisas que são recolhidas por eles.

Nas dimensões elementais básicas, os vórtices recolhem os excessos energéticos internos das coisas existentes, internalizando-os na própria Criação.

E todas as energias recolhidas são fracionadas e sublimadas no processo de retorno ao interior de suas matrizes geradoras.

Mas, em paralelo a esse processo automático de recolhimento energético interno, em cada dimensão elemental básica existem vórtices recolhedores que, se no lado recolhedor deles estão voltados para elas, o outro lado deles, que são os "descarregadores" dos excessos, estão voltados para o interior da dimensão regida por Pombagira, que é onde vivem e evoluem seres elementais femininos manifestadoras naturais dos muitos mistérios de Pombagira.

Esses seres elementais femininos são "exteriorizados" através da matriz geradora dos interiores e iniciam suas evoluções na realidade regidas por ela. E quando alcançam o extremo da Criação, são recolhidas nesses "berçários" elementais existentes dentro da dimensão regida pelo Orixá Pombagira, onde são acolhidas por seres divinos femininos identificados e nomeados por nós através das energias elementais "negativas" descarregadas dentro dos seus domínios, coalhados de reinos elementais negativos regidos por seres femininos guardiãs dos mistérios da Orixá Pombagira.

A dimensão de Pombagira tem dentro de si outras sete dimensões elementais negativas só dela, onde vivem e evoluem esses seres elementais femininos "exteriorizados" pelo Divino Criador através da sua matriz geradora de interiores. Esses seres elementais femininos "negativos", os nomeamos como "Pombagiras elementais" que vivem e evoluem por dentro da Criação, sendo que o único acesso a esses domínios é através dos vórtices absorvedores dos excessos de energias negativas geradas nas sete dimensões elementais básicas planetárias.

Quando evoluem e alcançam uma certa densidade energética e uma tênue maturidade são conduzidas para o estágio posterior da evolução delas, quando se tornam "encantadas" manifestadoras dos mistérios de Pombagira.

Essas Pombagiras encantadas, vemos algumas delas se manifestando dentro da Umbanda como Pombagiras "meninas", que são mistérios do Mistério Pombagira e polarizam-se com as Crianças femininas da "linha das crianças".

Enquanto os Exus Mirins se polarizam com os Meninos encantados da Linha das Crianças, essas Pombagiras meninas ou "mirins" polarizam-se com as Meninas encantadas da Linha das Crianças de Umbanda Sagrada.

Quando essas Pombagiras meninas ou encantadas do Mistério Pombagira evoluem e adquirem a "maioridade", avançam mais um grau evolutivo e são conduzidas aos "reinos" naturais existentes dentro da dimensão regida pelo Mistério Pombagira, sendo que essas "naturais" polarizam-se com as Caboclas de Umbanda Sagrada.

Essa descrição simplificada da evolução dos seres femininos identificados como "Pombagiras" gera toda uma hierarquia:

Nos reinos elementais negativos existentes dentro da dimensão de Pombagira, temos isto:
- Pombagiras elementais ígneas
- Pombagiras elementais eólicas
- Pombagiras elementais telúricas
- Pombagiras elementais aquáticas
- Pombagiras elementais minerais

- Pombagiras elementais cristalinas
- Pombagiras elementais vegetais

Essas Pombagiras "elementais" atuam através do interior, do "lado de dentro" das sete dimensões elementais básicas planetárias.

Nos reinos encantados negativos existentes dentro da dimensão de Pombagira, temos isto:
- Pombagiras encantadas do fogo
- Pombagiras encantadas do ar
- Pombagiras encantadas da terra
- Pombagiras encantadas da água
- Pombagiras encantadas dos minerais
- Pombagiras encantadas dos cristais
- Pombagiras encantadas dos vegetais

Nos reinos naturais negativos existentes dentro da dimensão de Pombagira, temos isto:
- Pombagiras naturais da justiça
- Pombagiras naturais da lei
- Pombagiras naturais da evolução
- Pombagiras naturais da geração
- Pombagiras naturais do amor
- Pombagiras naturais da fé
- Pombagiras naturais do conhecimento

Para nós, interessa as Pombagiras naturais porque cada pessoa está ligada por cordões finíssimos a uma delas, sendo que estas são as "nossas" Pombagiras guardiãs assentadas à nossa esquerda e atuam a partir da sétima dimensão à esquerda da dimensão humana da vida.

De acordo com o Orixá feminino ancestral dos espíritos humanos é que ocorrem suas ligações mentais com essas Pombagiras guardiãs.

Aqui, resumidamente, vamos definir quem são os Orixás ancestrais das pessoas:

Orixá ancestral é aquele que acolheu na sua realidade os seres gerados por Olorum na matriz geradora cujos mistérios divinos o distinguem porque é o seu guardião divino.

Assim, os seres espirituais acolhidos, amparados e sustentados em suas longas jornadas exteriorizadoras por um Orixá o têm como seu ancestral divino e possuem uma personalidade e uma natureza íntima associada a ele e comprovável por meio dos arquétipos divinos já identificados e desenvolvidos através dos tempos por inúmeros observadores e estudiosos desse assunto.

O Orixá ancestral é aquele que predomina no momento da exteriorização, distinguindo o ser espiritual com seu magnetismo divino que o sustentará durante sua exteriorização e o guiará na sua jornada de retorno ao "interior" de Deus.

Todo ancestral predominante é auxiliado por um ancestral recessivo, com ambos formando um par, sendo que um é de natureza masculina e o outro é de natureza feminina.

Ainda que o predominante se destaque, no entanto o recessivo auxilia o tempo todo e ambos formam um par de "pais divinos" dos seres.

Portanto, todos temos na nossa ancestralidade uma mãe divina que pode ser uma das sete mães Orixás regentes dos sete polos femininos das sete irradiações divinas, também conhecidas como "As Sete Linhas da Umbanda", cujos nomes são estes: Iemanjá, Nanã Buruquê, Iansã, Oxum, Obá, Egunitá e Oyá-Logunan.

Os dois últimos nomes são adaptações para mães Orixá cujos nomes não foram revelados na Teogonia nagô ou yorubana, tal como o nome Pombagira, que também não foi revelado e é uma adaptação. Mas isto já comentamos em capítulos anteriores, certo?

Quem desejar mais informações sobre as Sete Linhas de Umbanda e sobre os Orixás ancestrais, recomendamos a leitura dos livros de nossa autoria, intitulados: *As Sete Linhas de Umbanda*; *Orixás Ancestrais*; *A Gênese de Umbanda*,* que ficarão bem informados sobre esses assuntos.

Bom, retomando nossos comentários sobre Pombagira, o fato é que, nos seres espirituais masculinos, os Orixás predominantes são masculinos, e nos seres espirituais femininos, os Orixás predominantes são os Orixás femininos.

Logo, nos seres espirituais masculinos, as Pombagiras guardiãs de mistérios ligadas a eles também são recessivas e quem predomina são os Exus guardiões de mistérios.

Já nos seres espirituais femininos, os Exus guardiões de mistérios ligados a eles são recessivos e quem predomina são as Pombagiras guardiãs de mistérios.

Essas Pombagiras guardiãs de mistérios regem sobre vastos domínios naturais negativos onde vivem e evoluem seres femininos "Pombagiras", sendo que cada uma delas está ligada a um ser espiritual cuja ancestralidade tem a ver com os mistérios manifestado por elas.

Com isso entendido, então temos isto:

• Pombagiras naturais de Iemanjá são ligadas às filhas de Iemanjá.

• Pombagiras naturais de Nanã Buruquê são ligadas às filhas de Nanã Buruquê.

• Pombagiras naturais de Iansã são ligadas às filhas de Iansã.

• Pombagiras naturais de Oxum são ligadas às filhas de Oxum.

• Pombagiras naturais de Obá são ligadas às filhas de Obá.

---
* N.E.: Todos lançados pela Madras Editora.

- Pombagiras naturais de Egunitá são ligadas às filhas de Egunitá.
- Pombagiras naturais de Oyá-Logunan são ligadas às filhas de Oyá-Logunan.

Deixamos de repetir aqui as ligações das Pombagiras naturais com os seres espirituais masculinos porque neles as mães Orixás são recessivas e a classificação é a mesma.

O fato é que essas Pombagiras naturais são manifestadoras dos mistérios de suas mães e regentes divinas identificadas, classificadas e nomeadas desta forma:

- Pombagira guardiã dos mistérios da geração
- Pombagira guardiã dos mistérios da evolução
- Pombagira guardiã dos mistérios da lei
- Pombagira guardiã dos mistérios do amor
- Pombagira guardiã dos mistérios do conhecimento
- Pombagira guardiã dos mistérios da justiça
- Pombagira guardiã dos mistérios da fé

Essas Pombagiras guardiãs dos sete mistérios da Criação são mentais divinos do tamanho da Criação e regem sobre vastíssimos domínios, todos eles ligados "umbilicalmente" aos das mães Orixás guardiãs dos mistérios das sete mães já citadas por nós.

As Pombagiras naturais regidas por essas Pombagiras guardiãs dos mistérios divinos das sete mães da vida não manifestam todos os mistérios de suas regentes divinas, e sim, manifestam apenas alguns deles, dos quais são aplicadoras na vida dos seres ligados a elas.

Por isso, também são denominadas como Pombagiras guardiãs dos procedimentos dos seres espirituais.

Suas atuações são "por dentro" dos seres espirituais ligados a elas e não saem da dimensão onde vivem.

Na dimensão onde vivem são manifestadoras naturais assentadas no domínio onde vivem e, de lá, atuam em benefício dos seres espirituais ligados a elas, ora estimulando-os, ora desestimulando-os, sempre visando manter o equilíbrio interior deles.

Todas elas comandam numerosas legiões de Pombagiras naturais mais "novas", acolhidas por elas quando completaram seus estágios evolutivos encantados.

Elas não se deslocam até a dimensão espiritual humana e muito menos incorporam em alguém.

Elas vivem, evoluem e atuam em domínios negativos estáveis e imutáveis, umbilicalmente ligados aos das suas "pares" assentadas nos domínios existentes na dimensão à direita da dimensão humana da vida, que também são domínios estáveis onde vivem e evoluem seres naturais femininos regidos pelos mistérios das sete mães da vida, nomeadas por nós com os nomes já citados linhas atrás.

As Pombagiras que as médiuns umbandistas incorporam são espíritos femininos que, em algum momento de suas evoluções, desequilibraram-se perante os mistérios que as regiam e foram "levadas" para domínios regidos por essas Pombagiras naturais que as assumiram e abriram para elas a oportunidade de retomarem suas evoluções a partir das linhas femininas da esquerda da Umbanda, denominadas "Linhas de Pombagira", sendo que, com raras exceções, todas já viveram no plano da matéria, onde se desequilibraram em relação ao mistério das mães divinas que as regiam por dentro, mas mentalmente, e passaram a ser regidas, também "por dentro", pelos mistérios de Pombagira.

Seus nomes pouco revelam quando não assumem o nome simbólico de Umbanda Sagrada porque preferem ocultá-los.

Poucas são facilmente identificadas pelos seus nomes simbólicos, tais como:

- Pombagira da Praia
- Pombagira dos Caminhos
- Pombagira das Encruzilhadas
- Pombagira do Lodo
- Pombagira das Matas
- Pombagira das Almas
- Pombagira do Cemitério
- Pombagira dos Túmulos
- Pombagira dos Rios
- Pombagira das Rosas
- Pombagira das Sete Rosas
- Pombagira Rosa Negra
- Pombagira Sete Saias
- Pombagira Sete Véus
- Pombagira Sete Coroas
- Pombagira Sete Punhais
- Pombagira das Sombras
- Pombagira da Noite
- Pombagira do Fogo
- Pombagira Dama da Noite
- Pombagira das Porteiras
- Pombagira das Lagoas
- Pombagira dos Ventos
- Pombagira do Tempo
- Pombagira Sete Giras
- Pombagira Viradora
- Pombagira Redonda
- Pombagira Sete Canoas
- Pombagira Marinha
- Pombagira da Pedra Preta

- Pombagira do Pó
- Pombagira Sete Tridentes
- Pombagira Sete Nós
- Pombagira Fiteira (das fitas)
- Pombagira Cheirosa (dos perfumes)
- Pombagira Encantada (dos encantamentos)
- Pombagira do Cruzeiro
- Pombagira Corredeira (das corredeiras de água)
- Pombagira dos Raios
- Pombagira da Lua
- Pombagira Lua Minguante
- Pombagira das Sete Correntes
- Pombagira Menina
- Pombagira Tronqueira
- Pombagira Sete Tronqueiras
- Pombagira Cigana
- Pombagira Amarradora
- Pombagira Corta Tudo
- Pombagira Tremedeira (treme tudo)
- Pombagira Rainha
- Pombagira Princesa, etc.

E muitos outros nomes simbólicos já catalogados nos livros de pontos cantados e riscados de Umbanda, compilados por vários autores umbandistas, os quais recomendamos porque neles estão muitos nomes não citados aqui, mas que fazem parte do simbolismo de Umbanda Sagrada, único e exclusivo da Umbanda, ainda que as "moças da rua" já tenham entrado e se assentado em quase todos, senão em todos, os cultos afro-brasileiros.

A Umbanda (e nenhum outro culto afro-brasileiro) revelou esse mistério e mostrou que todos têm suas "Pombagiras", quer aceitem ou não, quer queiram ou não.

Pombagira, do seu observatório privilegiado, que é o íntimo de cada um, foi logo nos dizendo:

– Aceitando ou não, querendo ou não, então que nos desejem, porque viemos para ficar, conquistar nosso espaço por direito divino e dominar sobre os desejos, sejam eles quais forem!

O fato é que elas vieram para ficar, porque se manifestaram através da Umbanda e, fazendo um caminho inverso do de Exu que entrou na esquerda da Umbanda, as nossas Pombagiras entraram nos outros cultos afro-brasileiros e, rapidamente, conquistaram seus devidos e merecidos lugares na esquerda deles, pois, realmente, são boas de serviço!

Salve as Pombagiras!

Capítulo XVIII

Pombagira é como é porque Ela é Pombagira

Amigo leitor, você leu neste livro um apanhado de comentários verdadeiros sobre a fascinante e desconhecida "Pombagira".

O que nos foi possível e permitido revelar no momento, aqui o fizemos, não sem antes pensarmos bem sobre cada comentário, porque de "escritos contraditórios" a Umbanda está cheia.

Pombagira já foi descrita como "mulher da vida", "mulher fácil", mulher da noite, rameira, prostituta, espírito do baixo astral, vampira, vagabunda, etc.

Mas ninguém atentou para o fato de que, se uma religião a acolheu como uma de suas linhas de trabalhos espirituais, então não era nada disso, e sim, Pombagira era o contrário de tudo isso porque, isso é fato, ela é esgotadora da sexualidade degenerada e, generosa como só ela pode ser, vem redimindo milhões de espíritos femininos que em dado momento se desequilibram perante suas mães divinas e entregam-se aos negativismos os mais variados possíveis, pois eles surgem nos sete sentidos, e não só no sétimo, como muitos ou a maioria crê.

É certo que elas não são "flores que se cheire", mas também não são o que dizem, porque não há um só espírito masculino na "face da Terra, ou dentro dela, ou acima dela" que já não foi atuado "por dentro" por Pombagira.

Ainda que a maior parte das atuações não aconteça no sétimo sentido da vida, que rege sobre a procriação e a multiplicação das espécies, no entanto, escandalosa como só ela consegue ser, porque gera (e gera mesmo!) o fator escandalizador, o que nela mais agradou às pessoas foi seu jeito feminino de ser mulher.

Diferente dos espíritos femininos que se manifestam nas linhas da direita da Umbanda, como Pretas Velhas, Caboclas, Sereias, Baianas, Boiadeiras, etc., e até porque é em tudo o oposto a elas, as Pombagiras são "fofoqueiras" (reveladoras), escandalosas (refletem o que as pessoas ocultam), tagarelas (falam o que todos gostariam de dizer), e são autênticas (mostrando-se como são e não como querem que sejam).

• Ela gera o fator tremulador e por isso treme o corpo de suas médiuns quando incorpora nelas.

• Ela gera o fator girador e por isso bamboleia ou rebola quando incorpora em suas médiuns.

• Ela gera e irradia o fator desejador e por isso desperta o desejo em quem a vê ou dela se aproxima.

• Mas ela gera e irradia o fator estimulador e estimula todos que dela se aproximam ou com ela se consultam e, com isso, despertar em todos o desejo de recolherem seus "pedaços" e seguirem adiante, pois mais à frente tudo será melhor... e mais prazeroso!

Capítulo XIX

Pombagira e a Sexualidade

A visão do Mistério Pombagira sobre a sexualidade é guiada pelo que vibra no íntimo dos seres.

Diferente do que muitos imaginam ou do que já falaram ou escreveram, ela não é a favor nem apoia a prostituição, e sim, é esgotadora das sexualidades degeneradas. Seres cuja sexualidade é viciada ou vicioso são seus alvos prediletos porque, para ela, desvios sexuais devem ser esgotados do jeito que for possível e permitido pela Lei Maior.

O fato de algumas "Pombagiras de trabalhos" revelarem em suas biografias fatos escabrosos no campo da sexualidade, tais como abortos, prostituição, uso do sexo como instrumento de poder e dominação, viciações as mais variadas, é porque entraram em desequilíbrio com seus mistérios íntimos e regrediram consciencialmente, cometendo ações contrárias aos princípios da vida, regidos pelos mistérios do sentido da geração.

Mães que renegaram seus filhos, que abortaram, que maltrataram crianças na mais tenra idade, etc., porque estavam passando por profundos desequilíbrios, com certeza sofreram intensa atuação do Mistério Pombagira e passaram por intensivos esgotamentos dos seus estados de consciência em desequilíbrio antes de serem levadas até a dimensão de

Pombagira onde, aí sim, são submetidas a um processo de imantação pelo Mistério das Pombagiras guardiãs que as recolheram em seus domínios e as prepararam para retomarem suas evoluções atuando a partir das suas linhas ou hierarquias à "esquerda", onde atuam daí em diante como refreadores desses tipos de desequilíbrio íntimo nos seres humanos.

Elas voltam, mas não para repetirem os mesmos procedimentos, e sim, para combatê-los ou evitarem que suas protegidas venham a cometê-los.

Para Pombagira, antes só que mal acompanhada, mal amada e mal servida por seus pares masculinos, isto para suas médiuns, certo?

Que o digam o grande número de mulheres umbandistas que demoram para casar-se ou que, quando mal casadas, se separam e levam suas vidas sozinhas devido à influência de suas Pombagiras, que nelas são ativas e não admitem que seus companheiros (namorados ou maridos) as traiam ou as maltratem... e muito menos que tenham outra e as tratem com desprezo. Assim como não admitem que suas médiuns assim procedam com seus pares.

Pombagira torna suas médiuns ciumentas e um tanto possessivas em relação aos seus pares, mas nunca estimula nelas o vício da traição matrimonial, preferindo que elas se separem, não adotando esse tipo de procedimento errôneo.

Para Pombagira, é melhor uma separação dolorida que a traição matrimonial. Assim como é melhor a dor da solidão que a amargura e as mágoas de um relacionamento íntimo sofrido ou insatisfatório.

Que o digam as médiuns umbandistas que, ou não conseguem um bom namorado ou um bom marido porque suas Pombagiras já conhecem de cor e salteado as consequências para suas evoluções espirituais que os relacionamentos íntimos instáveis, desequilibrados ou doentios já lhes causaram e não querem ver suas médiuns cometerem os mesmos erros e regredirem pelas dores de um mau relacionamento.

Que o digam elas, que muitas vezes são advertidas por suas Pombagiras que "fulano de tal" não serve para coisa alguma e só vai fazê-la sofrer.

Ao contrário do que possa parecer, Pombagira é seletiva e transmite essa sua "seletividade" às suas médiuns, muitas vezes privando-as de uma companhia masculina, mas livrando-as de dissabores doloridos.

"Antes só que mal acompanhada, mal amada e mal servida", dizem elas. Infelicidade por infelicidade, melhor viver a própria que as alheias.

Ao contrário dos seres machos, que creem que seus pares femininos estão aí para servi-los, Pombagira crê que os seres machos só foram criados para servi-la.

A natureza íntima de Pombagira é altiva e dominadora, possessiva e ciumenta, ainda que ela manifeste essas suas características a seu modo e use seus recursos e dotes para subjugar suas "presas ou seus servidores".

Agora, para Pombagira, relacionamento íntimo recomendável é aquele que não implica sofrimento, mágoas e ressentimentos a nenhum dos envolvidos nele, independentemente de seres casados ou não, e desde que lhes proporcione prazer e satisfação e não atentem contra os princípios da vida, gerando abortos ou infância desamparada.

Seus conceitos de "certo e errado" são diferentes dos da sociedade patriarcal e machista, pois em sua tela vibratória dos interiores refletem todas as vibrações íntimas de insatisfação, de todos os tipos de insatisfação, certo?

- Se uma crença religiosa não está satisfazendo a pessoas, que ela mude de religião.
- Se uma profissão não está correspondendo às expectativas, que mude de profissão ou de local de trabalho.
- Se um namoro não está trazendo satisfação, que mude de namorado(a).
- Se um casamento não está sendo feliz, que haja a separação, e ponto final!

Essa é a personalidade e o arquétipo de Pombagira, que agrada a algumas pessoas e assusta a muitas.

Para Pombagira, altiva como só ela pode e consegue ser, ela é a "mulher" que toda mulher gostaria de ser e que todo homem gostaria de ter como a sua. Isso segundo ela, certo?

Aqui nos limitamos a descrever sua personalidade e sua natureza íntima e arquetípica!

Capítulo XX

Conclusão

Amigo leitor, chegamos ao final do livro sobre o Orixá Pombagira e alguns dos seus mistérios, todos fundamentados em Deus e na Criação Divina.

Sabemos que alguns leitores mais críticos poderão questionar sobre nossa afirmação de que Pombagira é um Orixá da mesma magnitude divina dos outros cultuados na Umbanda, e mesmo, sobre o nome Pombagira, que fizemos questão de esclarecer sobre sua origem.

Alguém poderá arguir que o nome Pombagira é uma corruptela do guardião Pambú Njila do Candomblé de Angola, cujo nome no idioma kimbundo significa Guardião do Caminho, análogo ao Exu Nagô.

Mas, respondemos assim: a voz do povo é a voz de Deus e, se em um século de existência da Umbanda as "nossas" Pombagiras, que são femininas, já realizaram tanto em benefício das pessoas que se consultaram com ela ou lhe fizeram oferendas, quem somos nós para mudarmos um nome que já se consagrou publicamente?

Assim como não podemos questionar os outros nomes de Orixás "trazidos" ao público por meio da Umbanda.

No Candomblé tradicional só são cultuados 21 Exus. Já na Umbanda, são centenas ou milhares.

E quanto aos nomes dos Oguns, dos Xangôs, das Oxuns, etc., trazidos ao público pelos guias espirituais?

Alguém ainda questiona se são falsos ou verdadeiros, se existem ou não depois de tantos milagres, curas e auxílios realizados por eles na vida de quem neles confiou?

É claro que não, respondemos nós!

O fato é que nomes até podem ser questionados pelos que desconhecem como as divindade fazem para que se inicie aqui no plano material um culto a algumas delas.

Mas estes não contam porque desconhecem que, entre os humanos, as divindades se mostram e se apresentam com formas e de forma humanas para melhor serem aceitas e assimiladas pelos seus cultuadores.

Assim foi com Pombagira, cujo culto é novo, recente mesmo se nos atermos à forma e ao modo usado por esse Orixá feminino na Umbanda, pois antes nada igual havia sido feito.

Pombagira "nasceu" com a Umbanda e o seu culto está em expansão, já tendo penetrado e se instalando nos demais cultos afros, nos quais suas manifestadoras são respeitadíssimas.

Portanto, o nome "Pombagira" é da Umbanda, é escrito em português e identifica um Orixá antes não nomeado na Teogonia nagô e angola, e ponto final!

Quem tem de aceitá-la como ela se mostrou e se apresentou são os "outros", não nós os genuínos umbandistas, cultuadores dos Orixás antes conhecidos e nomeados em língua yorubá e que cultuamos os que foram se revelando ou sendo revelados na Umbanda e em língua portuguesa mesmo, mas sempre com nomes simbólicos.

Quer os aceitem, quer não, para nós pouco importa, porque eles vieram para ficar e não serão eventuais questionadores que alterarão ou que vão mudá-los.

Quanto a Pombagira, sim, há um Orixá feminino que pode e deve ser objeto de culto pelos umbandistas, que devem oferendá-la, de preferência em campo aberto (o lado de fora da Criação) ou em grutas ou cavernas (o lado de dentro dos domínios da Criação). E sempre só com este nome: Orixá Pombagira!

Quanto às suas manifestadoras, que sempre sejam cultuadas e oferendadas nos seus pontos de forças na natureza, certo?

MADRAS® Editora

Para mais informações sobre a Madras Editora,
sua história no mercado editorial
e seu catálogo de títulos publicados:

Entre e cadastre-se no site:

www.madras.com.br

Para mensagens, parcerias, sugestões e dúvidas, mande-nos um e-mail:

marketing@madras.com.br

SAIBA MAIS

Saiba mais sobre nossos lançamentos,
autores e eventos seguindo-nos no facebook e twitter:

@madrased

/madraseditora